Seht, die gute Zeit ist nah!

Anton Seeberger (Hg.)

Seht, die gute Zeit ist nah!

Advents- und Weihnachtsgottesdienste mit Kindern, Jugendlichen und Familien

Schwabenverlag

VERLAGSGRUPPE PATMOS

PATMOS
ESCHBACH
GRÜNEWALD
THORBECKE
SCHWABEN

Die Verlagsgruppe
mit Sinn für das Leben

MIX
Papier aus verantwortungsvollen Quellen
FSC® C103849

Für die Schwabenverlag AG ist Nachhaltigkeit ein wichtiger Maßstab ihres Handelns. Wir achten daher auf den Einsatz umweltschonender Ressourcen und Materialien. Dieses Buch wurde auf FSC®-zertifiziertem Papier gedruckt. FSC (Forest Stewardship Council®) ist eine nicht staatliche, gemeinnützige Organisation, die sich für eine ökologische und sozial verantwortliche Nutzung der Wälder unserer Erde einsetzt.

www.schwabenverlag-online.de

Umschlaggestaltung: Finken & Bumiller, Stuttgart
Druck: Schätzl Druck & Medien e. K., Donauwörth
Hergestellt in Deutschland
ISBN 978-3-7966-1555-9

Inhalt

Weitere Gottesdienste im Advent

Schulgottesdienste

Heiliger Abend und Weihnachtsfest

Feste im Weihnachtsfestkreis

Bausteine für Feiern in der Adventszeit

Hinweise

Abkürzungen bei den Liedvorschlägen:

DsL = Dir sing ich mein Lied. Das Kinder- und Familiengesangbuch, Schwabenverlag, Ostfildern [2006]

EH = Erdentöne – Himmelsklang. Neue geistliche Lieder, Schwabenverlag, 6. Auflage 2007

GL = Gotteslob

Vorwort

Jede Zeit, in der wir Gottes Nähe spüren, ist eine gute Zeit. Aber die Adventszeit ist vielleicht die Zeit, in der Menschen sich am liebsten und ganz selbstverständlich öffnen für die Nähe Gottes; die Zeit, in der sie danach suchen und ihr nachspüren. Das Geheimnis der Menschwerdung Gottes bildet den Hintergrund der vorweihnachtlichen Atmosphäre. Wir Christen spannen über dieser Atmosphäre den fernen Horizont des wiederkommenden Christus auf. Jedenfalls überwiegt das Atmosphärische in dieser Zeit. Es kann die christliche Botschaft beflügeln, es kann sie auch erdrücken.

Wer im Dienst von Katechese, Liturgie und Verkündigung steht, der kennt die Gefährdungen dieser Zeit: Die Botschaft ins Stimmungsvolle einzubringen, auch auf die Gefahr hin, dass es darin untergeht; oder dem Stimmungsvollen zu trotzen, auch auf die Gefahr hin, dass Menschen es vermissen und abschalten.

Von jedem Prediger und jeder Gottesdienstleiterin wird erwartet, dass er oder sie das Festgeheimnis kreativ erschließt und theologisch kompetent verkündet. Das ist bei den alljährlich gleich bleibenden Bibeltexten und angesichts der unablässig vermarkteten christlichen Symbole und Bilder eine veritable Herausforderung.

Die vorliegenden Entwürfe für Gottesdienst und Verkündigung, für häusliche, schulische und gemeindliche Feiern möchten dazu eine Hilfe sein. Alle Beiträge sind schon einmal in der Praxis erprobt, bedürfen aber dennoch der individuellen Aneignung durch denjenigen, der einen Gottesdienst leitet, und durch die Gruppe oder Gemeinde, die ihn feiert.

Wenn der Hinweis aus dem Lied- und Buchtitel »Seht, die gute Zeit ist nah« die Menschen anregt, die Advents- und Weihnachtszeit christlich und kirchlich zu gestalten, und wenn sie durch unsere Verkündigung erfahren: »Gott kommt auf die Erde«, dann hat sich die Mühe von Autorinnen, Autoren, Herausgeber und Verlag gelohnt.

Stuttgart, am Fest Johannes des Täufers,
24. Juni 2011

ANTON SEEBERGER

Gestaltungsideen über vier Adventssonntage

Mache dich auf!

. . . .

Vorbemerkung

Die durchgehende Gestaltungsidee ist ein Weg, der aus braunen Tüchern gelegt wird. Dem Adventsweg zugeordnet ist der Liedruf »Mache dich auf und werde Licht« (EH 91). Der liturgische Ort des Gestaltungselementes ist an jedem Sonntag ein anderer.

Erster Advent: Aufbrechen

Vorbereitung

Braune Tücher, die zu einem Weg gelegt werden können; Schild mit der Aufschrift »Aufbrechen«, Kerze

Gestaltungselement zu Beginn des Gottesdienstes

Kind 1: Wir feiern heute den ersten Advent. Eine besondere Zeit beginnt.

Ein Weg aus Tüchern wird gelegt

Kind 2: Wir sind eingeladen, aufzubrechen, damit Jesus bei uns ankommen kann.

Schild mit der Aufschrift »Aufbrechen« wird zum Weg gestellt

Erwachsener: Advent – Aufbrechen! Wie möchte ich den Weg durch den Advent gehen? Was ist wichtig? Wofür möchte ich mir Zeit nehmen?

Kurze Stille

Kind 1: Advent – Aufbrechen! Zeit haben für mich, für meine Mitmenschen, für Gott!

Kind 2: Ich muss aufbrechen, um Licht zu werden.

Kerze wird zum Weg gestellt

Liedruf

EH 91, DsL 136 »Mache dich auf und werde Licht«

Gebet

Guter Gott, vier Wochen lang sind wir eingeladen, den Weg durch den Advent zu gehen. Vieles wird uns auf diesem Weg begegnen und beschäftigen. Wir bitten dich: Lass uns aufbrechen und spüren, was wichtig ist, damit dein Sohn bei uns ankommen kann.

Bitten

- ❍ Lass uns aufbrechen und schenke uns Zeit, um zur Ruhe zu kommen.
- ❍ Lass uns aufbrechen und spüren, was wichtig ist.
- ❍ Lass uns aufbrechen und sehen, wer unsere Hilfe braucht.
- ❍ Lass uns aufbrechen, damit du ankommen kannst.

Zweiter Advent: Verändern

Vorbereitung

Egli-Figur (Johannes der Täufer), Schild mit der Aufschrift »Verändern«, Kerze

Gestaltungselement als Anspiel zum Evangelium

Kinder stehen bei dem Weg, der im vorigen Gottesdienst gelegt wurde.

Kind 1: Wer ist das?

Kind 2: Das ist Johannes der Täufer. Von ihm hören wir heute im Evangelium. Viele Menschen sind zu ihm in die Wüste gegangen, weil sie spürten, dass er eine wichtige Botschaft hat.

Kind 1: Was hat er denn gesagt?

Kind 2: Kehrt um!

Kind 1: Was bedeutet das?

Kind 2: Überlege mal – umkehren. Wann muss jemand umkehren?

Kind 1: Wenn die Richtung nicht stimmt, der Weg falsch ist.

Kind 2: Genau, wenn jemand einen falschen Weg eingeschlagen hat. Dann muss er nachdenken, etwas verändern.

Kind 1: Verändern bei mir?

Schild mit der Aufschrift »Verändern« und Egli-Figur werden zum Weg gestellt

Kind 2: Ich muss etwas in meinem Leben verändern, um Licht zu werden.

Kerze wird zum Weg gestellt

Liedruf

EH 91, DsL 136 »Mache dich auf und werde Licht«

Bitten

- Lass uns spüren, wenn wir Wege gehen, die in eine falsche Richtung führen.
- Schenke uns Kraft, damit wir umkehren können.
- Öffne unsere Ohren, um deine Botschaft zu hören.
- Sei bei allen Menschen, denen es schwer fällt, umzukehren.

Dritter Advent: Mut haben

Vorbereitung

Schild mit der Aufschrift »Mut haben«, Kerze

Gestaltungselement nach der Eröffnung

Liedruf

EH 91, DsL 136 »Mache dich auf und werde Licht«

Liturg/Liturgin: Um Licht zu sein, müssen wir aufbrechen, etwas verändern und –

Kind 1: Mut haben! – Was kann das bedeuten?

Liturg/Liturgin: Ich habe eine Idee. Wir überlegen zu jedem Buchstaben ein Beispiel!

Kinder: M – mich und andere annehmen
U – umkehren
T – trauen
H – helfen, auch dann, wenn es schwerfällt
A – auf andere achten
B – bei sich anfangen
E – ehrlich sein
N – nachdenken und handeln

Wenn jeder von uns mutig ist und zeigt, worauf es ankommt, dann wird es Licht in unserer Welt!

Schild mit der Aufschrift »Mut haben« und eine Kerze werden zum Weg gestellt

Bitten

- ❍ **Kind 1:** Guter Gott, es ist nicht leicht, anderen zu helfen.

Alle: Wir bitten dich: Schenk uns Mut.

- ❍ **Kind 2:** Guter Gott, es ist nicht leicht, jeden Menschen zu achten und anzunehmen.
- ❍ **Kind 3:** Guter Gott, es ist nicht leicht, ehrlich zu sein.
- ❍ **Kind 4:** Guter Gott, es ist nicht leicht, so zu leben, wie du es von uns möchtest.

Vierter Advent: Licht sein

Vorbereitung

Schild mit der Aufschrift »Licht sein«, 4 Kerzen, Teelichter zum Verteilen

Fürbitten

Guter Gott, der Advent geht zu Ende. Das Geburtsfest deines Sohnes steht vor der Tür. Er kommt in unsere Welt, damit alle Dunkelheit ein Ende hat. Wir bitten dich:

- ❍ **Kind 1:** Für alle, die keinen Frieden haben. Mach ihr Leben hell.
- ❍ **Kind 2:** Für alle, die kein Zuhause haben. Mach ihr Leben hell.
- ❍ **Kind 3:** Für alle, die Hunger leiden. Mach ihr Leben hell.
- ❍ **Kind 1:** Für alle, die Angst haben. Mach ihr Leben hell.
- ❍ **Kind 2:** Für alle, die keine Arbeit haben. Mach ihr Leben hell.
- ❍ **Kind 3:** Für jeden von uns. Mach unser Leben hell.

Gestaltungselement vor dem Segen

Wir wollen aufbrechen und zeigen, dass Jesus zu uns kommt.

Nach jeder Aussage wird eine Kerze zum Weg gestellt

Kind 1: Ich weiß, dass es Menschen gibt, die einsam sind. Lass uns zu ihnen gehen und Licht sein.

Kind 2: Ich weiß, dass es Menschen gibt, die krank sind. Lass uns zu ihnen gehen und Licht sein.

Kind 3: Ich weiß, dass es Menschen gibt, die traurig sind. Lass uns zu ihnen gehen und Licht sein.

Kind 1: Ich weiß, dass es Menschen gibt, die mich und dich, die uns brauchen. Lass uns zu ihnen gehen und Licht sein.

Schild mit der Aufschrift »Licht sein« wird zum Weg gestellt

Liedruf

EH 91, DsL 136 »Mache dich auf und werde Licht«

Am Ende des Gottesdienstes verteilen die Kinder Teelichter an alle, die am Gottesdienst teilgenommen haben

IRMGARD WIEST

Engel begleiten uns durch den Advent

Vorbemerkung

Engel gehören zu den besonders beliebten Motiven der Advents- und Weihnachtszeit. Kinder und Erwachsene kennen viele Darstellungen. Zu den vier Adventsonntagen sind Bilder von Engeln abgebildet, die in den beiden Hauptkirchen von Rottweil zu finden sind, dem katholischen Heilig-Kreuz-Münster und der evangelischen Predigerkirche. Sicher gibt es ähnlich passende und künstlerisch hochwertige Darstellungen in vielen anderen Kirchen oder auch Abbildungen in Büchern, die kopiert und vergrößert werden könnten. Jedem Adventssonntag ist ein anderes Engel-Motiv zugeordnet, passend für alle drei Lesejahre.

Erster Advent: Engel, die wecken

Lesejahr A *Seid also wachsam!* (Mt 24,42), Lesejahr B *Seid wachsam!* (Mk 13,37), Lesejahr C *Wacht und betet allezeit* (Lk 21,36a).

Zweiter Advent: Engel, die den Weg weisen

In den Evangelien aller drei Lesejahre steht derselbe Satz: *Bereitet dem Herrn den Weg!* (Mt 3,3b, Mk 1,3b, Lk 3,4b).

Dritter Advent: Engel, die froh machen

In allen Lesungen geht es um die Freude. Lesejahr A *Die Wüste und das trockene Land sollen sich freuen …* (Jes 35,1), Lesejahr B *Von Herzen will ich mich freuen über den Herrn …* (Jes 61,10a), Lesejahr C *Juble, Tochter Zion! Jauchze Israel! Freu dich und frohlocke …* (Zef 3,14).

Vierter Advent: Engel, die begleiten

Lesejahr A Der Traum Josefs (Mt 1,18–24), Lesejahr B Verkündigung des Engels an Maria (Lk 1,26–38), Lesejahr C … *Und er wird der Friede sein* (Mi 5,3b.4a).

Engel als Boten verkünden die Nähe Gottes. Und Menschen können Engel sein, wenn sie für andere da sind. Verschiedene Elemente sprechen die Kinder an. Alle Kinder dürfen beim großen Einzug in die Kirche dabei sein. Ein Kind trägt dazu ein großes Engel-Bild im Format DIN A3 (gerahmt oder auf Karton aufgezogen), das dann vor den Altar oder an den Ambo gestellt wird. In den einführenden Texten sollte der Standort bzw. der Künstler der Engel-Darstellung benannt werden. Die Gemeinde singt zum Einzug »Macht hoch die Tür, die Tor macht weit ...« (GL 107). Ein Kind beteiligt sich bei der Eröffnung des Gottesdienstes. Kinder entzünden die Kerzen am Adventskranz. Eines spricht danach ein Gebet. Kinder tragen Fürbitten vor. Alle Kinder dürfen sich zum Sanctus um den Altar versammeln und erhalten am Ende des Gottesdienstes ein Bildchen mit dem Engel-Motiv des jeweiligen Sonntags.

Erster Advent: Engel, die wecken

Einführungstext nach der liturgischen Eröffnung

Ein Bild mit einem Engel haben wir heute in die Kirche getragen. Engel begleiten uns in vielen Bildern durch die Advents- und Weihnachtszeit.

1. Advent: Der »Engel mit Posaune« von ca. 1760 befindet sich am Schalldeckel der Kanzel in der Predigerkirche Rottweil. Mit seiner Rechten weist er auf das bekrönende Kreuz: »Wir dagegen verkündigen Christus als den Gekreuzigten.« (1 Kor 1,23)

An den vier Adventssonntagen sehen wir verschiedene Bilder von Engeln. Heute ist es ein Engel mit Posaune. Er ist in *(Ort nennen)* zu finden. Menschen werden zur Wachsamkeit gerufen. Der Engel mit einer Posaune ist einer von den Engeln, die wecken.

Gebet nach dem Entzünden der Kerze

Gott, lass uns wachsam sein, damit wir deinen Ruf nicht überhören.
Lass uns aufmerksam sein für andere und mithelfen, andere zu wecken und wachzuhalten.

Fürbitten der Kinder

Liedruf/Kehrvers

GL 118,3 »Komm, Herr, komm und erlöse uns«

- ❍ Gott, wir bitten dich für alle Menschen, die deinen Ruf im lauten Trubel der Geschäfte überhören. Lass sie auf deine Stimme hören.
- ❍ Gott, wir bitten dich für alle, denen du gleichgültig bist. Lass sie deinen Ruf hören.

Zweiter Advent: Engel, die den Weg weisen

Einführungstext nach der liturgischen Eröffnung

Auch heute haben wir ein Bild mit einem Engel in die Kirche getragen. Engel-Bilder begleiten uns an allen Adventssonntagen. Der Engel, den wir heute betrachten, trägt einen Leuchter mit einer Kerze. Er steht in *(Ort nennen)*. Mit dem Licht kann er den Weg weisen. In vielen Texten der Bibel hören wir von Wegen zu Gott. Der Engel mit dem Licht ist einer von den Engeln, die den Weg weisen.

Gebet nach dem Entzünden der Kerze

Gott, zeige uns den Weg, den wir gehen sollen.
Bleibe bei uns mit deinem Licht und lass uns dein Licht weitertragen.

2. Advent: Der »Engel mit Kerze« steht am Marienaltar im Heilig-Kreuz-Münster Rottweil.

Fürbitten der Kinder

Liedruf/Kehrvers

GL 119,3 »Bereitet den Weg des Herrn, machet eben seine Pfade«

- ❍ Gott, wir bitten dich für alle Menschen, die unsicher gehen auf ihrem Lebensweg. Geh du mit ihnen und stärke sie.
- ❍ Gott, wir bitten dich für alle, die den richtigen Weg suchen. Zeige du ihnen den Weg.

Dritter Advent: Engel, die froh machen

Einführungstext nach der liturgischen Eröffnung

Ein Bild mit einem Engel begleitet uns auch am heutigen Adventssonntag. Viele Engel, die singen, sind in der farbigen Glasmalerei in *(Ort nennen)* dargestellt. Heute feiern wir den Sonntag *Gaudete, freuet euch!* Im Singen

3. Advent: Der »singende Engel« ist im Heilig-Kreuz-Münster Rottweil an einem der neugotischen Chorfenster von 1841/43 dargestellt.

können wir unsere Freude ausdrücken. Der singende Engel ist einer von den Engeln, die froh machen.

Gebet nach dem Entzünden der Kerze

Gott, lass uns einstimmen in den Lobgesang der Engel.
Schenke uns Freude und beflügle uns, andere froh zu machen.

Fürbitten der Kinder

Liedruf/Kehrvers

GL 741,1 »Freut euch, wir sind Gottes Volk, erwählt durch seine Gnade«

❍ Gott, wir bitten dich für alle Menschen, die andere durch Musik und Kunst erfreuen. Schenke ihnen Freude.

❍ Gott, wir bitten dich für alle, die von Sorgen belastet sind. Lass sie Hilfe erfahren und gib ihnen Freude am Leben.

Vierter Advent: Engel, die begleiten

Einführungstext nach der liturgischen Eröffnung

Ein Bild mit einem Engel haben wir auch heute wieder in die Kirche getragen. Engel begleiten uns an allen vier Adventssonntagen. Engel sind Zeichen für die Nähe Gottes.

Ein betender Engel ist auf einem Altarbild im *(Ort nennen)* dargestellt, das die Geburt Jesu zeigt. Im Gebet sind wir Gott und den Menschen nahe. Der Engel ist ein Zeichen dafür, dass Gott uns begleitet. Der betende Engel ist einer von den Engeln, die begleiten.

4. Advent: Der »betende Engel« ist ein Detail aus einem gotischen Weihnachtsbild um 1500 im Heilig-Kreuz-Münster Rottweil.

Gebet nach dem Entzünden der Kerze

Gott, lass uns spüren, dass du uns begleitest auf unserem Lebensweg. Lass uns für andere Menschen da sein und sie begleiten.

Fürbitten der Kinder

Liedruf/Kehrvers

GL 733,1 »Gott, bleib nicht fern von mir; eile mir zu helfen«

- ❍ Gott, wir bitten dich für alle Menschen, die sich verlassen und einsam fühlen. Zeige ihnen deine Nähe.
- ❍ Gott, wir bitten dich für alle, die sich nach Begleitung sehnen. Sende ihnen Menschen, die sie in Liebe begleiten.

VERONIKA HECKMANN-HAGELOCH

(nach gemeinsam entwickelten Ideen im Familiengottesdienstteam der Heilig-Kreuz-Gemeinde Rottweil mit Eva Arnold, Daniela Brand, Erna Haaser, Christiane Hudelmaier, Maria-Angela Mariano, Cordula Springer und Petra Rebmann)

Baut eine ebene Straße für unseren Gott

Vorbemerkung

Das prägende Leitwort für das durchgehende Gestaltungselement im Advent ist der ersten Lesung des zweiten Adventssonntags im Lesejahr B entnommen: Baut in der Steppe eine ebene Straße für unseren Gott (Jes 40,3b). Wir nehmen das Wort des Propheten Jesaja wörtlich und verstehen den Mittelgang unserer Kirche als Straße. Das Gestaltungselement steht am Anfang der sonntäglichen Eucharistiefeier. So ergibt sich folgende Struktur der Eröffnung: Orgelvorspiel – Eingangslied – Eingangsritual mit Liedvers (EH 62/DsL 73) »Geh mit uns auf unserem Weg« – Entzünden der Kerzen am Adventskranz mit Lied GL 115 – Tagesgebet.

Kinder der Grundschule beteiligen sich an den Fürbitten. Zum Hochgebet versammeln sich alle Kinder um den Altar. Jedes Kind bekommt an jedem Adventssonntag einen Brief mit, er besteht aus einem Anschreiben des Pfarrers und aus einer Geschichte. Die Umschläge haben jeden Sonntag eine andere Farbe. Nach der Krippenfeier gibt es einen Weihnachtsbrief des Pfarrers an die Familien im goldenen Umschlag zusammen mit der Weihnachtsgeschichte aus dem Lukasevangelium.

Erster Advent: Hindernisse aus dem Weg räumen

Vor dem Mittelgang steht ein Straßenschild »Steinschlag« oder »Schlaglöcher«. Die Schilder können beim Städtischen Bauhof ausgeliehen werden. Im Mittelgang werden Steine ausgelegt.

Einführungsdialog

Habt ihr bemerkt, dass unsere Kirche heute anders ist? Wenn schwere und große Steine auf dem Weg liegen, können wir schlecht gehen und noch schlechter fahren. Die kleinen Steine springen uns manchmal in die Schuhe und drücken uns. Wenn wir die Steine aus dem Weg räumen, können wir alle viel leichter gehen.

Der Prophet Jesaja hat dem Volk Israel, das auf den Retter gewartet hat, zugerufen: »Baut in der Steppe eine ebene Straße für unseren Gott.« Er wollte damit sagen: Räumt alles weg, was nutzlos und hinderlich zwischen euch und eurem Gott ist. Denn er will zu euch kommen.

Kyrie

Kehrvers: EH 62 »Geh mit uns auf unserem Weg«

- Herr, Jesus Christus, du bist im Kommen, wenn wir dich einladen und willkommen heißen.
- Du gehst mit uns, wenn wir dich in unsere Mitte nehmen.
- Du bewahrst uns vor dem Fallen, wenn wir dir nachfolgen.

Fürbitten der Kinder

❍ Das Leben legt uns viele Steine in den Weg. Wir bitten für alle Menschen, die auf ihrem Lebensweg gescheitert sind.

❍ Manchmal sind wir selbst wie ein Stein, wenn wir mit bösen Worten andere verletzen. Wir bitten für alle Menschen, die sich streiten.

❍ Manche Menschen haben ein Herz aus Stein, weil sie nur an sich selbst denken. Wir bitten für sie um ein gütiges Herz.

Zweiter Advent: Den richtigen Zugang finden

Vor dem Mittelgang ist das Straßenschild »Durchfahrt verboten« aufgestellt. Außerdem wird der Zugang zu den Bänken vom Mittelgang her mit einem rot-weiß gestreiften Absperrband blockiert.

Einführungsdialog

Habt ihr die Veränderung bemerkt, die wir heute in der Kirche vorgenommen haben? Ihr kennt sicher das Schild, das wir aufgestellt haben, und wisst, was es bedeutet.

Wenn ein Weg verboten ist, müssen wir einen anderen suchen. Das gilt für uns! Gott nimmt Wege zu uns, die wir ihm lieber sperren oder verbieten wollen: Manchmal kommt er zu uns, wenn wir traurig sind oder Kummer haben. Aber am liebsten kommt er, wenn wir ihn freudig erwarten. Darum rücken wir das Schild auf die Seite und reißen die Absperrbänder weg!

Kyrie

Kehrvers: EH 62 »Geh mit uns auf unserem Weg«

- Herr, Jesus Christus, unser Gott. Komm uns entgegen auf den Wegen, die wir gehen.
- Reiß die Hindernisse nieder, die wir dir in den Weg stellen.

- Löse die Sperren, hinter denen wir uns verschanzen und sichern.

Fürbitten der Kinder

- ❍ Wir beten für die Eltern, dass sie ihren Kindern helfen, den rechten Weg zu finden.
- ❍ Wir beten für die Jugendlichen, die sich als Versager fühlen.
- ❍ Wir beten für die alten Menschen, die mit ihrer Lebenserfahrung anderen den Weg weisen können.

Dritter Advent: Die Zeichen am Weg beachten

Vor dem Mittelgang wird das Straßenschild »Achtung« aufgestellt. Am Mittelgang entlang sind Sachen ausgelegt, die man an oder auf der Straße findet, z. B. Papierfetzen, Bananenschalen, leere Flaschen oder Getränkedosen, aber auch Plakate, ein Türkranz …

Einführungsdialog

An unseren Straßen und Wegen gibt es allerhand zu entdecken und zu sehen. Manches davon gehört gar nicht hierher, oder? Zum Beispiel *(auf die ausgelegten Dinge hinweisen).* Manches nehmen wir wahr, weil es so schön ist! An unserer Straße steht das Schild »Achtung«! Worauf sollen wir achten?

Kyrie

Kehrvers: EH 62 »Geh mit uns auf unserem Weg«

Gott – an deinem Weg finden wir Zeichen:

- Zeichen der Ermutigung, der Schönheit, der Erleichterung.
- Zeichen der menschlichen Nachlässigkeit und Gleichgültigkeit.
- Zeichen deiner Nähe und der Gemeinschaft aller, die mit uns auf dem Weg sind.

Fürbitten der Kinder

- ❍ Ich habe, was ich zum Leben brauche. Wir bitten für die Kinder, die Not leiden, die hungern müssen und traurig sind.
- ❍ Ich habe ein Zuhause und Eltern, die mich lieben. Wir bitten für die Kinder, die auf der Straße leben, die auf der Flucht sind oder keine Eltern haben.

- ❍ Ich bin gesund, und wenn ich krank bin, kann ich zum Arzt gehen. Wir bitten für die Kinder, die krank sind und keinen Arzt und keine Medizin bekommen.

Vierter Advent: Eine geschmückte Straße

Die Straße wird für den Einzug des Herrn geschmückt mit Kerzen und Zweigen, sodass der Mittelgang einem festlichen Spalier gleicht.

Einführungsdialog

Heute sieht unsere Kirche nochmal ganz anders aus. Was fällt euch auf? Wir haben die Straße für den Herrn geschmückt, so wie wir an Weihnachten unsere Häuser schmücken – mit Lichtern und Zweigen. Was drücken wir damit wohl aus? Wir sind so froh, dass Gott zu uns kommen will, dass er bei uns ist.

Kyrie

Kehrvers: EH 62 »Geh mit uns auf unserem Weg«

Herr, Jesus Christus:

- Wir haben Lichter an deinen Weg gestellt, weil du das Licht der Welt bist.
- Wir haben grüne Zweige an deinen Weg gelegt, weil du unsere Hoffnung bist.
- Wir machen unser Herz bereit, weil du unser Friede bist.

Fürbitten der Kinder

- ❍ Wir bitten für die Menschen, die verlassen worden sind.
- ❍ Wir bitten für die Menschen, die traurig sind.
- ❍ Wir bitten für die Kinder, die nicht bei ihren Eltern sein können.

ANTON SEEBERGER

(mit dem »Team Kinder im Gemeindegottesdienst St. Konrad Stuttgart«: Angela Abt, Brigitte Arbeiter, Christina Fuhrmann-Marques, Elles Kärcher, Martina Kleisz, Dorothee Kues-Leypoldt, Angelika Kügele, Kathrin Stübbe (Fürbitten der Kinder), Margarete Volbers-Dreckmann)

Hören auf die Stille - Vernehmen einer Botschaft

Vorbemerkung

Die Eucharistiefeier beginnt mit einem Gemeindelied. Dem kann das feierliche Entzünden der Kerze am Adventskranz folgen. Dann werden die Kinder und die Erwachsenen zum Stillwerden eingeladen. Stillwerden kann eine Gemeinde nur, wenn der Sprechende in die Stille führt, zur Stille ermutigt und seine Stimme immer mehr zurücknimmt. Die Einladung könnte ungefähr so lauten:
»Ich lade euch Kinder und die Erwachsenen ein, still zu werden, ganz, ganz still! Ich glaube, dass ihr das könnt. Vielleicht könnt ihr die Augen schließen, damit ihr durch gar nichts abgelenkt seid. Wenn es ganz still geworden ist, könnt ihr ein Geräusch hören. Überlegt, was es ist. Aber schreit nicht los. Ich werde euch nachher fragen, was ihr gehört habt.«
Nach ein paar Augenblicken wird im Hintergrund der versammelten Gemeinde in die Stille hinein ein Geräusch erzeugt, an jedem Adventssonntag ein anderes.

Erster Advent: Das Geräusch des Zerreißens – »O Heiland, reiß die Himmel auf!«

Ein Stück Papier wird zerrissen

Wort an die Kinder

Ihr kennt den Himmel. Manchmal ist er ganz grau oder schwarz. Kein Strahl Sonne kommt durch die dunkle Wolkendecke. Es kann gleich zu regnen oder zu schneien beginnen. Wie unter einer düsteren Decke fühlen sich die Menschen, wenn der Himmel ein paar Tage lang neblig ist. Ach, wenn doch die Sonne durch die Wolken brechen würde und wenn es doch wieder einmal hell und warm wäre – so fühlen wir uns.
In schweren Zeiten haben Menschen ein Lied gesungen, um den Heiland herbeizurufen: »Reiß den Himmel auf«, haben sie gesungen, und »lauf schnell vom Himmel zu uns herab«. Zerreiß einfach den dunklen Himmel und das traurige Herz und komm zu uns, damit die Freude einkehrt. Mit dem Lied »O Heiland, reiß die Himmel auf« rufen wir jetzt Jesus in unsere Mitte (GL 105).

Fürbitten

- ❍ Hilf den Regierenden der Völker, den Frieden in der Welt aufrechtzuerhalten.
- ❍ Gib den Menschen Augen und Ohren, damit sie die Bedürfnisse ihrer Mitmenschen, besonders die von Kindern, erkennen.
- ❍ Hilf allen, im Alltag nicht achtlos zu werden und in der Adventszeit zu Ruhe und Besinnung zu kommen.
- ❍ Hilf uns, anderen Menschen unsere Nähe zu schenken, damit sie Zuversicht und Hoffnung für die Zukunft schöpfen können.

Gabe zum Mitnehmen

Eine Postkarte mit einem Wolkenhimmel oder Regenbogen

Zweiter Advent: Das Geräusch vom Öffnen und Schließen einer Tür – »Macht hoch die Tür, die Tor macht weit«

Eine Tür wird geöffnet und zugeschlagen

Wort an die Kinder

Ihr alle geht jeden Tag durch viele Türen. Ihr macht sie einfach auf und geht in das Zimmer. Wenn wir zählen würden, wie oft wir durch eine Türe gehen, ergäbe das eine ziemlich große Zahl. Durch manche Türen kann man nicht durchgehen, weil sie verschlossen sind. Durch andere Türen darf man nicht durchgehen, weil das Zimmer oder das Haus nicht uns gehört. Wir klopfen oder wir klingeln. Wenn wir jemanden empfangen, auf den wir warten, dann gehen wir zur Tür und sagen: Schön, dass du kommst! Komm herein und nimm Platz.

So machen wir es im Advent. Wir sagen zu Jesus: Komm herein zu uns. Wir machen unsere Türe ganz weit auf. Sei willkommen bei uns. Im Advent warten wir auf Jesus. Wir begrüßen ihn an unseren Türen. Darum singen wir das Lied: »Macht hoch die Tür, die Tor macht weit!« (GL 107).

Fürbitten

- ❍ Für alle Menschen, die im Advent eine Zeit der Stille suchen.
- ❍ Für alle, die sich Zeit nehmen für andere.

- Für alle Kranken, die darauf warten, gesund zu werden.
- Für die Eltern, die für ihre Kinder sorgen.
- Für Erwachsene und Kinder, die in Hungersnot sind.

Gabe zum Mitnehmen

Ein Glöckchen an einem Band zum Befestigen an einer Türklinke

Dritter Advent: Das Geräusch beim Ausgießen von Wasser – »Aus Gestein und Wüstensand, werden frische Wasser fließen«

Wasser wird aus einer Kanne in eine Schale gegossen

Wort an die Kinder

Normalerweise hören wir gar nicht hin, wenn Wasser läuft. Wir drehen den Wasserhahn einfach auf und zu. Aber ihr könnt euch ja denken, was passiert, wenn kein Wasser da ist.
Wenn lange Zeit kein Regen fällt, vertrocknen die Felder. Und wo der Regen ganz ausbleibt, da ist Wüste. Es wächst fast nichts, alles ist trocken. Es ist schwer, dort zu leben. Aber wenn es auf die Wüste regnet, dann wächst dort Gras. Die Tiere finden Futter. Die Menschen freuen sich an den Blüten. Die Wüste wird zum Ort, an dem man leben kann.
Wenn der lebendige Gott bei uns ist, wenn Jesus zu uns kommt, dann geschieht mit uns so etwas wie mit der Wüste: Die Menschen blühen auf. Sie werden fröhlich und ausgelassen. Sie fangen an zu feiern. So hat es schon der Prophet Jesaja gesagt. Wenn Gott kommt, dann werden sogar in der Wüste frische Wasser fließen. Singen wir miteinander: »Aus Gestein und Wüstensand werden frische Wasser fließen« (GL 106,3).

Fürbitten

- Für alle Menschen in Not: Lass sie Mut und Vertrauen fassen.
- Für alle Menschen, um die es dunkel ist: Lass sie das Licht sehen.
- Für die Menschen, die durch Traurigkeit stumm geworden sind: Lass sie ihre Stimme wiederfinden.
- Für die Menschen, um die herum es dürr ist: Lass sie die Quellen finden, um die Saat aufgehen zu lassen.

- Für uns selbst und alle: Öffne unsere Sinne für die Mitmenschen, die Hilfe brauchen.

Gabe zum Mitnehmen

Eine Torf-Tablette (gibt's im Gartencenter), in die ein paar Samenkörner gesteckt wurden

Vierter Advent: Das Geräusch beim Entzünden eines Streichholzes – »Glanz strahlt von der Krippe auf, neues Licht entströmt der Nacht«

Streichhölzer werden entzündet

Wort an die Kinder

Es ist schön, wenn es dunkel wird und wir ein Licht anzünden können. Im Advent, in der dunklen Jahreszeit, machen wir das alle sehr gerne. Die Dunkelheit ist schön, wenn man ein Licht hat. Wenn wir kein Licht hätten, kein elektrische Licht und nicht einmal eine Kerze, dann fürchten wir die Dunkelheit auch. Wir sagen zu Jesus: Du bist das Licht! Und wir meinen es so, wie euer Papa, wenn er zu euch sagt: Du bist mein Sonnenschein! Wenn du da bist, dann bin ich froh!
Jesus, du bist das Licht für uns, so singen wir es. Du bist das Licht, das uns leuchtet. Heute zünden wir für dich wieder ein Licht am Adventskranz an. Aber wenn Weihnachten ist, dann haben wir einen ganzen Baum voller Lichter, für dich und für uns! Weil wir Jesus erwarten und weil Weihnachten schon ganz nahe ist, singen wir miteinander: »Glanz strahlt von der Krippe auf, neues Licht entströmt der Nacht« (GL 108,4).

Fürbitten

- Für die Mutlosen: Schenke ihnen Menschen, die Mut machen.
- Für die Einsamen und Verlassenen: Steh ihnen bei und gib ihnen Kraft.
- Für die Familien, die nicht zusammen Weihnachten feiern können.
- Für die Menschen, die sich zerstritten haben: Schenke ihnen den Willen zur Versöhnung.

Gabe zum Mitnehmen

Eine Stumpenkerze

ANTON SEEBEGER

(mit dem Team »Kinder im Gemeindegottesdienst«, St. Konrad Stuttgart: Christina Fuhrmann-Marques, Elles Kärcher, Martina Kleisz, Angelika Kügele, Alexandra Schluck-Amend (Fürbitten 4. Advent), Ursula Seewann (Fürbitten 3. Advent), Enikö Szivos-Knecht (Fürbitten 1. Advent), Margarete Volbers-Dreckmann (Fürbitten 2. Advent))

Adventssonntage

Warten auf den Friedensbringer

Erster Adventssonntag

Vorbereitung

Aufgeblasener Wasserball als Erdkugel, der vor die eine Seite des Altars gelegt wird; eine leere Krippe vor der anderen Seite des Altars; goldenes Geschenkband oder Krepp-Papier-Streifen, Schale mit Kleister, goldene oder gelbe Papierschnipsel, Papierhandtücher

Verkündigung an die Kinder

Warten auf den Friedensbringer – unter dieser Überschrift wollen wir heute, am ersten Advent, miteinander Gottesdienst feiern. Euch Kinder und Sie, liebe Erwachsene, heißen wir dazu herzlich willkommen.
Ein Friedensbringer, wer oder was ist das wohl? Seit es Menschen gibt, sehnen sie sich nach jemandem, der kommt und die Welt friedlich macht. Wer kann das sein, der es schafft, dass niemand mehr streitet, sich alle vertragen, keiner ein böses Wort sagt, niemand gemein zu einem anderen ist?
Das kann nur jemand ganz Besonderes sein. Ihr wisst es alle längst: Der Friedensbringer für uns Menschen ist Jesus, Gottes Sohn. Jesus bringt uns Menschen den Frieden des Himmels auf die Erde.

Erdkugel vor die eine Seite des Altares legen und die leere Krippe vor die andere Seite des Altars stellen.
Hier liegt unsere Erde. Dort die leere Krippe. In diese leere Krippe wollen wir an Weihnachten die kleine Jesusfigur legen. Jesus ist uns von Gott als Friedensbringer geschenkt.
Jetzt in der Adventszeit warten wir besonders auf Jesus und darauf, dass mit seiner Geburt ein bisschen von seinem Friedensglanz auf unserer Erde einzieht.
Heute beginnt die Adventszeit. Das Zeichen dafür ist der grüne Adventskranz. An jedem Sonntag entzünden wir eine Kerze. Jetzt zünden wir die erste Kerze an. Wir hören und singen das Lied »Wir sagen euch an den lieben Advent« (GL 115).

Der Weg des Friedens ist lange. Gott ist uns auf dem Friedensweg entgegengegangen.

Das goldene Band wird ausgelegt, von der Krippe zur Erdkugel
Auch wir wollen Wege des Friedens suchen. Aber wie sieht der Weg aus? Finden wir ihn? Ist er schon bereit? Wird er etwa erst seine Gestalt annehmen, wenn wir ihn gehen? Wege des Friedens – wir wollen sie miteinander gehen. Wenn Jesus an Weihnachten auf die Erde kommt, dann wird die Welt heller und leuchtender.

Gestaltungselement mit den Kindern

Gemeinsam wollen wir überlegen, wann wir bei uns auf der Erde ein bisschen von dem Frieden spüren, den uns Jesus gebracht hat.

- Die Welt bekommt eine Friedensspur, wenn ich die Kraft und den Mut finde, zu jemandem Entschuldigung zu sagen.
- Die Welt bekommt eine Friedensspur, wenn ich kein beleidigendes Wort schreie.
- Die Welt bekommt eine Friedensspur, wenn ich jemanden in Schutz nehme, der von anderen angegriffen wird.
- Die Welt bekommt eine Friedensspur, wenn ich über andere nichts Schlechtes erzähle.
- Die Welt bekommt eine Friedensspur, wenn ich annehmen kann, dass es auch andere Meinungen als meine Meinung gibt.
- Die Welt bekommt eine Friedensspur ….

Die Kinder werden eingeladen, ihre Gedanken vorzutragen. Zu jedem Satz wird ein goldener Papierschnipsel auf die Erdkugel geklebt. Die Gemeinde singt dabei das Lied: »Herr, gib uns deinen Frieden« (EH 167).

Fürbitten

Wir Menschen sehnen uns nach Frieden.

❍ Gott, hilf uns und allen, dass wir unseren Teil dazu beitragen, dass es friedlich ist in der Welt.

Alle: Ehre sei Gott in der Höhe und Friede den Menschen auf Erden!

❍ Die kleinen Friedenszeichen der Menschen werden leicht übersehen. Gott, schenke allen wachsame Augen und ein wachsames Herz, um die Friedenszeichen zu erkennen.

- Es gibt Zeiten, da sind wir zu bequem oder zu faul, um einen Schritt des Friedens zu tun.
  Gott, gib uns die Energie, auch anstrengende Schritte für den Frieden zu gehen.
- Für viele Menschen und für uns auch ist die Adventszeit eine Zeit der Hektik und des Kaufens.
  Gott, lass uns alle miteinander wachsam sein für die wesentlichen Aufgaben der vorweihnachtlichen Zeit.

Gabe zum Mitnehmen

Jeder Gottesdienstteilnehmer bekommt am Ende eine kleine Kugel aus Styropor und einen kleinen Bogen Goldpapier mit nach Hause. Zu Hause kann das Goldpapier in kleine Schnipsel gerissen oder geschnitten werden. Die Erdkugel kann an jedem Tag des Advents mit einem Schnipsel beklebt werden (Styroporkleber verwenden). Bis zum Weihnachtsfest ist die Erdkugel hell und golden und kann ggf. als Christbaumkugel dienen.

CARMEN GREMMELSPACHER

Bereitet dem Herrn den Weg

Zweiter Adventsonntag

Vorbereitung

Mehrere größere Steine (Flusssteine, Mauersteine, Bauschutt) als Hindernisse im Mittelgang oder Eingangsbereich der Kirche auslegen; große Papierstreifen/Karten, doppelseitiges Klebeband, Filzstifte

Die Steine liegen zu Beginn des Gottesdienstes auffällig im Weg, d. h. im Eingangsbereich oder in den Gängen der Kirche, aber auch im Prozessionsweg, den die Ministranten und der Zelebrant des Gottesdienstes nehmen.

Gestaltung des Einzugs

Priester, Ministranten und andere liturgische Dienste ziehen in Stille ein. Sie nehmen bewusst Umwege an den Hindernissen vorbei. Direkt nach dem Einzug zu Beginn, wenn möglich mit Funkmikrofon:

Kind 1: Wie sieht's hier denn aus? Lauter Steine im Weg, was soll das denn? Sonst ist hier doch alles immer sauber und aufgeräumt.

Kind 2: Vorhin wäre ich sogar beinahe über einen solchen Brocken gestolpert. Das ist ja ganz schön gefährlich hier! Hoffentlich räumt bald mal einer diese Dinger hier weg!

Kind 3: Also ich find's nicht so schlimm. In meinem Zimmer zu Hause sieht's auch so aus! So ein bisschen Unordnung ist doch kein Problem!

Kind 4: Naja, ich mag es nicht so, wenn überall Stolperfallen sind. Schließlich können die ganz schön gefährlich werden! Hindernisse gehören aus dem Weg geräumt, damit sich niemand verletzt.

Kind 2: Das find ich auch! Die Dinger sollte echt bald mal jemand raustragen!

Kind 4: Wieso denn jemand? Warum denn nicht wir?

Gebet

Guter Gott, du allein kannst uns den rechten Weg zeigen. Führe und begleite uns auf all unseren Wegen, in der Schule, bei der Arbeit, zu Hause und in der Freizeit. Hilf uns, Hindernisse rechtzeitig zu erkennen und all das wegzuräumen, was uns hindert auf dem Weg zu dir. Gib, dass wir auf unseren Wegen deinem Sohn begegnen, dem wir erwartungsvoll entgegengehen – Jesus Christus, der mit dir lebt und herrscht in alle Ewigkeit.

Verkündigung und Gestaltungselement über Mk 1,18

Der Evangelist beginnt sein Evangelium mit einem Bekenntnis zu Jesus Christus, dem Sohn Gottes. Dieses Bekenntnis bindet er in die Worte des Propheten Jesaja ein: »Ich sende meinen Boten vor dir her; er soll den Weg für dich bahnen. Eine Stimme ruft in der Wüste: Bereitet dem Herrn den Weg!« (vgl. Jes 40,3; Mal 3,1)

Die Stimme, die in der Wüste ruft, ist Johannes. Er soll die Menschen auf das Kommen des Messias, den Retter von Gott, vorbereiten. Ausgerechnet in der Wüste, wo in der Regel keine oder nur ganz wenige Menschen wohnen, beginnt das Heilswirken Gottes. Wie gewaltig muss die Stimme des Johannes gewesen sein und wie ansprechend sein Reden, dass die Menschen aus ganz Judäa zu ihm in die Wüste kamen!

Stellen wir sie uns vor, die Wüste. Sie ist ein stiller und kahler Ort. Wo nichts ist, kann auch nichts ablenken! Das Evangelium will uns ermutigen, immer wieder Zeiten der Stille zu suchen, um zu erspüren, was uns im Alltag ablenkt, wo Hindernisse und Stolpersteine sind.

Worüber stolpern wir denn immer wieder in unserem Leben? Was könnten Hindernisse sein auf unserem Weg zu Gott?

Mit den Kindern benennen und auf großen Karten visualisieren, die Stolpersteinen zugeordnet werden (mit doppelseitigem Klebeband befestigen): z. B. Streit, Egoismus, Lügen, ständige Ablenkung durch Computerspiele … Gemeinsam mit den Kindern werden die Hindernisse weggeräumt und vor den Altar gelegt.

Den Weg bereiten – das heißt, die Stolpersteine, die Umwege, die Schlaglöcher zu entdecken, die es im unserem Leben gibt und die den Weg zu Gott verbauen.

Den Weg bereiten – das heißt, sich besinnen, umkehren, umdenken und neue Wege beschreiten.

Den Weg bereiten – das heißt, erleben, dass Gott zu uns kommt. Er kommt nicht nur an Weihnachten. Er macht das Leben heil und nimmt uns mit auf seinen Weg.

Fürbitten

Die Stimme in der Wüste ruft: »Bereitet dem Herrn den Weg!« So bitten wir:

- Für alle, die auf der Suche nach dir sind: Zeige ihnen den Weg zu dir.

Alle: Christus, höre uns!

- Für alle, die im Streit leben: Schenk du Versöhnung und einen neuen Anfang.
- Für alle, die verzweifelt sind. Lass sie Menschen begegnen, die ihnen neuen Mut machen.

Herr, lass uns in deinem Licht leben und zu Wegbereitern für dich werden. Darum bitten wir dich heute und zu aller Zeit, bis in Ewigkeit.

Gabe zum Mitnehmen

Kleine Flusskiesel (beim Landschaftsgärtner zu bekommen), evtl. beschriftet mit dem Satz »Bereitet dem Herrn den Weg«.

STEFAN FISCHER

Zeugnis geben ist mein Auftrag
Dritter Adventsonntag

. . . .

Vorbereitung
Sprecherrollen verteilen (Johannes, Erzähler, Sprecher 1–4), Sprechtexte kopieren und bereitlegen

Entzünden der Adventskerzen und Kyrie
Herr Jesus Christus, du bist unser Licht. Lass es immer für uns leuchten!
Ein Kind entzündet die erste Kerze, dazu: GL 115,1 »Wir sagen euch an …«
Herr Jesus Christus, du bist unser Licht. Wir wollen es weitertragen!
Ein Kind entzündet die zweite Kerze, dazu GL 115,2
Herr Jesus Christus, du bist unser Licht. Wir freuen uns darüber und danken dir!
Ein Kind entzündet die dritte Kerze, dazu GL 115,3

Gestaltungselement zum Evangelium
Erzähler: (zur Gemeinde gewendet) Ich muss euch mal was erzählen. Ich hab gestern den Johannes getroffen. Ja, den Johannes. Den, der in die Wüste gezogen ist. Einfach so. Und der alles zurückgelassen hat zu Hause. Ich hab das ja eigentlich gar nicht so recht geglaubt. Dass jemand freiwillig auf alles verzichtet, was das Leben angenehm macht. Der Johannes, das ist ein ganz seltsamer Mann, er isst lieber Heuschrecken als so weiter zu leben wie bisher. Naja, wir müssen ja auch so manche Kröte schlucken. Und wisst ihr was, jetzt fängt Johannes auch noch an, die Leute zu taufen. Das werden ihm die Hohenpriester nicht durchgehen lassen. Das kostet ihn den Kopf. Aber als wir ihn getroffen haben, da war er ganz ruhig, ganz vernünftig. Man konnte richtig mit ihm sprechen, ihn fragen, was er eigentlich vorhat.
Wer bist du? Das hab ich ihn als Erstes gefragt. Und wisst ihr, was er geantwortet hat, der Johannes?

Johannes: Ich bin jedenfalls nicht der Messias, falls du das meinst.

Erzähler: Wer bist du dann, leugne doch nicht! Du hältst dich wohl für etwas ganz Großes, was? Für einen Propheten, mindestens so groß wie Elija, oder?

Johannes: Nein, bestimmt nicht. Den Elija gab's nur einmal. Der kommt nicht zurück.

Erzähler: Aber ein Prophet bist du doch, oder?

Johannes: Nein, tut mir leid, auch wenn du's gerne hättest, ich bin kein Prophet in der Art, wie du dir Propheten vorstellst.

Erzähler *(zur Gemeinde):* Na ja, und dann wurde ich langsam ungeduldig. Schließlich sollte ich ja herausfinden, ob der Johannes irgendwas Verbotenes macht (wendet sich Johannes zu). Dann sag doch selbst, was du hier machst!

Johannes: Weißt du, ich bin nicht viel mehr als ein einsamer Mann, die kleinste Minderheit, die es gibt. Ich habe nicht mehr Macht als nur meine Stimme. Ich bin nur eine einzelne Stimme in einem wüsten Stimmengewirr. Aber die Stimme, die ich habe, die gebe ich dem Herrn. So wie der alte Jesaja. Weißt du noch, was der immer gesagt hat? »Ebnet den Weg für den Herrn!« Recht hatte er, der Jesaja.

(Zur Gemeinde): Da haben sich manche gewundert, damals. Aber was der Erzähler hier gesagt hat, war noch nicht alles, was ich machte. Einen weiteren Auftrag, den ich hatte, den hört ihr jetzt im Evangelium!

Evangelium

Joh 1,6–8.19–28

Johannes: Zeugnis geben war mein Auftrag. Das hieß nicht Noten verteilen, wie: Du bekommst eine Eins, du eine Drei und so weiter. Zeugnis geben meint, Zeuge sein! Das bedeutet, von Jesus erzählen, von Gott erzählen!

Jetzt habe ich aber mal eine Frage an euch: Wer macht denn das heute? Zeugnis geben von Jesus?

Sprecher 1: Das ist gar nicht so einfach, heute Zeugnis von Jesus zu geben. Und manchmal ist es auch unbequem.

Johannes: Das ist gar nicht so einfach?! Meint ihr, das war damals einfacher? Zuerst bin ich ins Gefängnis gekommen und dann hat es mich den Kopf gekostet.

Sprecher 1: Das ist bei uns zum Glück nicht mehr so. Dafür gibt es Leute, die das als Beruf machen, auf Jesus hinzuweisen, zum Beispiel der Pfarrer.

Pfarrer: Schon richtig, dass es zu meinem Beruf gehört. Aber wenn nur diejenigen Zeugnis von Jesus geben, die dafür bezahlt werden, dann hilft das nicht viel. Es muss viele Menschen geben, die Zeugnis von ihrem Glauben ablegen, sonst geht das ja nicht mehr weiter. Außerdem sind die nicht bezahlten Zeugen viel glaubwürdiger für die meisten Menschen.

Johannes: Deswegen ist damals auch eine Gesandtschaft vom Tempel zu mir gekommen. Ich war nicht am Tempel angestellt und habe trotzdem meine Botschaft verkündet. Aber ich denke, da gibt's doch heute auch viele, die Zeugnis von ihrem Glauben ablegen. Wie ist es denn mit den Eltern – die geben doch ihren Kindern auch Zeugnis von ihrem Glauben?

Sprecher 2: Das ist schon richtig. Wir versuchen unseren Kindern von Jesus zu erzählen, oder ihnen zu erklären, was man an den verschiedenen Festen feiert. Oder wir beten gemeinsam, gehen miteinander in den Gottesdienst. Wir versuchen unseren Kindern vorzuleben, was uns wichtig ist.

Johannes: Aber das gilt ja nicht nur zu Hause, sondern auch sonst im Alltag, im Beruf.

Sprecher 3: Es hat für mich auch mit Zeugnis geben zu tun, wenn ich im Beruf bei Ungerechtigkeiten reagiere; wenn ich jemand unterstütze, der nicht fair behandelt wird. Und manchmal reicht es schon, dass Kolleginnen und Kollegen wissen, dass ich sonntags in den Gottesdienst gehe, dass mir der Glaube wichtig ist! Auch das ist schon Zeugnisgeben.

Sprecher 4: Zum Zeugnisgeben gehört es ja, dass man sich ganz sicher ist. Und wenn man sich bei etwas sicher ist, dann ist das auch für andere überzeugend. Aber mit dem Glauben ist es so, dass das Eigentliche, um das es geht, gar nicht so leicht zu vermitteln ist. Das spürt man tief in sich.

Johannes: Genau das ist das Zeugesein! Tief in sich zu spüren, was einen trägt; auch wenn man Phasen des Zweifels und der Unsicherheit kennt. Und das nicht nur tief in sich zu spüren, sondern es auch »rauszulassen«, es andere spüren zu lassen. Ich war damals auch nicht der Einzige, der Zeugnis für Jesus gegeben hat, sondern da gab es noch viele andere. Und heute seid ihr dran: alle, die hier sind, alle, die getauft sind.

Fürbitten

Jesus Christus ist das Licht, das unserem Weg Helligkeit und Orientierung gibt. Zu ihm dürfen wir mit unseren Bitten kommen:

- Gib uns Kindern den Mut, für unseren Glauben einzustehen, auch wenn es heute nicht im Trend liegt.
- Gib denen Halt und Ziel, die dein Licht nicht mehr sehen, weil sie durch die vielen Lichter im Advent geblendet sind.
- Schenke uns in unserem Alltag die nötige Zeit, innezuhalten, damit wir uns auf deine Ankunft vorbereiten können.
- Schenke denen Zuversicht und Mut, die vor Krieg und Gewalt fliehen mussten und nicht wissen, wie ihr Weg weitergehen soll.
- Stehe uns Eltern bei, dass wir unseren Kindern mit viel Liebe und Geduld gute Begleiter auf dem Weg ihres christlichen Glaubens sein können.

Gott, wir wissen, dass du bei uns bist. Dafür sagen wir dir Dank, jetzt und alle Zeit und in Ewigkeit.

Gabe zum MItnehmen

Andachtsbild »Johannes der Täufer« (vom Grünewaldaltar). Johannes weist auf den – im Bildausschnitt nicht sichtbaren – Gekreuzigten hin (Beuroner Kunstverlag, Artikel-Nummer 1853).

GERHARD JAMMER
(mit dem Familiengottesdienstteam Herz Jesu, Ebersbach/Fils)

Fürchte dich nicht, sagt der Engel
Vierter Adventsonntag

Vorbereitung
Ein Körbchen mit unterschiedlichen Engeldarstellungen (Karten, Bilder)

Hinführung und Auslegung zum Evangelium
Fürchte dich nicht, sagt der Engel! Das heißt, Maria ist wohl sehr erschrocken, als der Engel bei ihr aufgetaucht ist. Aber warum soll ich mich denn vor einem Engel fürchten? Ist ein Engel nicht etwas Wundervolles, etwas ganz Besonderes für mich? Ein Engel ist doch von Licht und Helligkeit umgeben. Er strahlt und leuchtet. Ein Engel ist etwas Großartiges, Unfassbares, Unglaubliches, ein Bote des Himmels!
Was ist für dich ein Engel?
Wie ist für dich ein Engel?
Wo ist für dich ein Engel?
Wer ist für dich ein Engel?
Wer hat eine Idee dazu?
Jedes Kind darf sich zu seiner Antwort eine Engelkarte aus dem Körbchen aussuchen

Evangelium
Lk 1,26–38

Erschließung
Liturgin/Liturg: Der Engel hat zu Maria nur gesagt: »Fürchte dich nicht!« Aber die folgenden Gedanken hat er wohl gemeint. Wir alle wissen, wie gut es tut, wenn uns jemand sagt: »Fürchte dich nicht! Hab keine Angst! Ich bin bei dir!«
Kind: Fürchte dich nicht!
Sprecherin: Mache dich auf! Und geh einen ganz neuen Weg, denn Gott hat dich gerufen für eine besondere Aufgabe, Maria.
Kind: Fürchte dich nicht!
Sprecherin: Spür die Hand, die dich hält. Es gibt jemand, der bei dir ist, wenn du Angst hast vor dem, was kommen wird, Maria.

Kind: Fürchte dich nicht!

Sprecherin: Hab Vertrauen, dass dein Weg gut wird, auch wenn du ihn nicht kennst, Maria.

Kind: Fürchte dich nicht!

Sprecherin: Das Licht soll dich nicht blenden, sondern den Weg erleuchten, wenn es dunkel wird, Maria.

Kind: Fürchte dich nicht!

Sprecherin: Du bist gesegnet, du bist ein Segen, denn für Gott ist nichts unmöglich, Maria.

Kind: Fürchte dich nicht!

Liturgin/Liturg: So oder so ähnlich wird Maria den Engel verstanden haben. Und nach dem ersten Schrecken konnte Maria vertrauen, oder zumindest hören, welche unglaubliche Aufgabe Gott für sie vorgesehen hat. Aber sie konnte das alles gar nicht glauben, was der Engel zu ihr sprach. Sie sollte ein Kind bekommen, einen Sohn, Gottes Sohn! Wie soll das gehen? Im Kopf war das alles unfassbar und nicht möglich, unbegreiflich. Und doch hat sie in ihrem Herzen gespürt, dass sie auf einen besonderen Weg gerufen wurde. So hat sie sich darauf eingelassen, ohne wirklich zu wissen, wie es weitergeht. Sie hat Ja gesagt zu dem, was der Engel ihr anvertraute. Ja zu einem Weg, der ihr nicht vertraut war, und doch hat sie sich eingelassen und auf Gott vertraut. Ja sagen ohne Wenn und Aber, sich einlassen auf das, was kommt, mich ganz dem Wort Gottes anvertrauen – das können wir an Maria sehen.

Im Angesicht des Engels wandelt sich der erste Schreck, der erste Schatten in Licht. Verschlossene Türen springen auf. Doch ich muss ihn erkennen, ich muss ihn sehen, ich muss ihn spüren, den Engel. Seine Hände fassen können, seinen Trost annehmen, seine Helligkeit aushalten und eintauchen in seinen Glanz, der die Dunkelheit der Nacht durchbricht.

All das ist nur möglich, wenn ich still werden und ausbrechen kann aus der Rastlosigkeit des Alltags. Maria selbst musste auch ausbrechen nach dieser unglaublichen Botschaft, nach dieser erschreckenden Begegnung mit dem Engel. Sie machte sich auf den Weg in die Berge, um ihre Kusine zu besuchen. Denn dort im Bergland, weit ab vom Rummel des Alltags, konnte sie die nötige Ruhe finden, um all das, was geschehen war, im Herzen zu bewegen.

Wie oft sehnen wir uns genau danach in unserer lauten Welt? Die Ruhe einlassen zu können, um die Botschaft des Engels zu hören und selbst Zeichen der Hoffnung zu sein. Denn still und unsichtbar geben sie mir Geleit, die Engel, die Lichtboten einer unsichtbaren Welt. Da ist es gut, einen Ort zu kennen, der die nötige Stille und Weite in mir ausbreitet.
Oft geschieht es nur leise, in einem kleinen Augenblick durch die kurze Berührung einer zärtlichen Hand oder das kleine Augenzwinkern im Vorübergehen. Die Hand des Engels spüren und mit der Wärme die Angst vertreiben, damit ich Ja sagen kann zum Leben, mit allem. Denn der Engel zeigt den Weg zum Licht und spricht: »Fürchte dich nicht!« Und damit meint er nicht, dass mir der Weg, der steinig und steil ist, erspart bleibt. Nein, auch diesen Weg muss ich gehen. Aber ich kann ihn gehen, denn ich muss mich nicht fürchten. Das Licht des Engels begleitet mich, wärmt mich und segnet mich.

Fürbitten

Guter Gott, in deine Hände legen wir unsere Wege, unsere Zeit, unsere Angst, unsere Freude, unseren Dank. Wir rufen zu dir:
Alle: Wir bitten dich, erhöre uns.

- Wir bitten für die Menschen, die einsam sind und sich wünschen, dass ein Engel ihnen zuhört und sie in ihre Arme schließt.
- Wir bitten für die Menschen, die blind geworden sind für die kleinen Zeichen der Engel in unserer Welt. Lass ihnen die Augen aufgehen, damit das Licht der Engel ihre Herzen wärmt.
- Wir bitten für die Menschen, die miteinander streiten. Lass sie erkennen, wie gut es tut, einander entgegenzugehen und sich die Hand zu reichen.
- Wir bitten für die Menschen, die traurig sind, weil sie einen lieben Menschen verloren haben und ihn sehr vermissen. Lass sie spüren, dass sie nicht alleine sind.
- Wir bitten für die Menschen, die den Leistungsdruck unserer Zeit nicht aushalten können und krank werden. Lass sie erleben, dass sie wertvoll und wertgeschätzt sind.
- Wir bitten für die Kinder, die ausgegrenzt werden. Schick ihnen einen Engel, der ihnen zeigt, dass sie auch dazu gehören.

- Wir bitten für die Kinder, die sich schwertun in der Schule. Schick ihnen einen Engel, der sie an der Hand nimmt und sie bei ihren Aufgaben unterstützt.
- Wir bitten für die Kinder, die keine Möglichkeit haben, lesen und schreiben zu lernen. Schick ihnen einen Engel, der für sie eine Patenschaft übernimmt.
- Wir bitten für die Kinder, die im Krieg ihre Eltern verloren haben. Schick ihnen einen Engel, der sie in die Arme nimmt und ihnen Geborgenheit schenkt.

Segen

Möge dich ein Engel auf deinen Wegen begleiten. Möge er deine Sorgen tragen helfen und dein Leben von innen her erwärmen.
Möge dich ein Engel auf deinen Wegen begleiten, sie erleuchten und dir die Gewissheit schenken: Es ist gut, dass es dich gibt. Gott möchte Mensch werden in dir.
Möge dich ein Engel auf deinen Wegen begleiten und dir Vertrauen schenken, damit du dich einlassen kannst auf das, was das Leben für dich bereithält.
Möge ein Engel dir den Segen Gottes bringen –
den Segen des Vaters und des Sohnes und des Heiligen Geistes.

MARTINA KLEISZ

Rorate-Feiern

Meins Herzens Tür

Erste Adventwoche

. . . .

Verkündigung für Kinder zum Lied: «Macht hoch die Tür« (GL 107,1.5)

»Komm, o mein Heiland, Jesu Christ, meins Herzens Tür dir offen ist«, so haben wir eben gesungen. Wisst ihr, wo euer Herz ist?

Legt mal eure Hände aufs Herz. Vielleicht könnt ihr spüren, wie das Herz schlägt.

Das Herz ist wie eine Pumpe. Es sorgt dafür, dass das Blut durch unseren ganzen Körper fließt. Unser Herz schlägt bei Tag und bei Nacht. Wenn wir in Bewegung sind, schlägt es schneller. In der Ruhe und im Schlaf schlägt es langsamer. Ohne unseren Herzschlag könnten wir nicht leben. Unser Herz ist ein ganz wichtiges Organ. Unser Herz ist auch der Ort, der uns besonders fühlen lässt.

Wenn wir uns über etwas ganz besonders freuen, dann fühlt sich unser Herz froh und leicht an. Ihr kennt auch Situationen, in denen sich euer Herz eher schwer anfühlt. Das kann dann sein, wenn ihr euch benachteiligt oder zurückgewiesen fühlt. Oder ihr seid traurig, weil ihr euch von jemandem verabschieden müsst.

Jede und jeder von euch kennt Situationen, in denen das eigene Herz auflebt. Und ihr kennt auch Momente, in denen es einem schwer ums Herz ist. Das erlebt ihr Kinder genauso wie wir Erwachsenen.

Im Advent sind wir eingeladen, unsere Herzenstür zu öffnen. Wir denken in dieser Zeit besonders daran, dass Gott ankommen möchte.

Angekommen ist Gott vor über 2000 Jahren, als Jesus geboren wurde. Diesen Geburtstag feiern wir an Weihnachten. Im Advent, in der Zeit, die jetzt beginnt, bereiten wir uns darauf vor, dass Gott auch bei uns, in unseren Herzen ankommen möchte.

Wir können Gott nicht sehen, aber wir können ihn spüren. Nicht immer, aber manchmal, wenn wir ganz ruhig werden und in unser Herz hinein hören.

Ich lade euch und Sie alle ein, eine Hand oder beide Hände ans Herz zu legen. Wer möchte, kann dazu auch für einen Moment die Augen schließen.

Ich fühle mein Herz und alles, was mein Herz bewegt, *kurze Pause*
die Menschen, die mich gern haben und die ich mag, *kurze Pause*
und ich spüre vielleicht auch die, mit denen ich nicht so klar komme!
kurze Pause

Ich denke an das Schöne der vergangenen Tage und an das,
was mich freut. *kurze Pause*
Und ich fühle das, was mich gerade eher traurig stimmt! *kurze Pause*
Alles, was in mir ist, kann ich Gott entgegenhalten. *kurze Pause*
Ich lade Sie und euch ein, die Herzenstür zu öffnen, die Hände vom Herzen zu lösen und vor dem Körper zu einer Schale zu formen, alles Gott hinzuhalten, vielleicht mit der Bitte unseres Adventsliedes: »Komm, o mein Heiland Jesu Christ, meins Herzens Tür dir offen ist.« Gott möchte jede und jeden von uns im Herzen berühren. Er freut sich mit uns an allem Schönen und er ist bei uns, wenn es in unserem Herzen dunkel ist.
Gott möchte ankommen bei uns. Es lohnt sich, auf ihn zu warten. Es lohnt sich, das Herz zu öffnen. Advent heißt: Die Türen meines Herzens öffnen. Gott kommt und bringt uns sein Licht, damit wir gestärkt und getröstet durch unser Leben gehen können. Wenn wir Gott unser Herz öffnen, dann werden auch wir offen für die Menschen um uns herum. Dann werden auch wir zum Licht für andere. Jesus ist das Licht. Dieses Licht begleitet uns. Die Kerzen, die wir in der Adventszeit anzünden, erinnern uns daran.

Fürbitten

Guter Gott, du bringst Licht und Heil in die Herzen der Menschen. Wir bitten dich:
Alle: Komm, o Heiland!
- Für alle, die traurig sind, weil ihnen etwas Liebes genommen wurde.
- Für alle, die sich streiten und sich eigentlich nach Frieden sehnen.
- Für alle, die krank sind und unter Schmerzen leiden.
- Für alle, die sich um andere sorgen und Verantwortung tragen.
- Für alle, die schon gestorben sind und bei dir wohnen!

Darum bitten wir dich, du Gott des Lebens und des Heiles, durch Christus, unseren Herrn.

ULRIKE MAYER-KLAUS

Lebenstraum

Zweite Adventswoche

. . . .

Vorbereitung

Körbe mit dünnen Holzscheiben und Stiften

Verkündigung für die Kinder

Ich erzähle euch heute eine ganz alte Geschichte von einem kleinen Baum, der gerne träumt. Er träumt von dem, was einmal sein wird.

Träume sind Gedanken, Ideen, Wünsche, Hoffnungen, Sehnsüchte, die in unserem Kopf und in unserem Herzen wohnen. Was erträume ich mir vom Leben? Was ist mein Lebenstraum? Für welchen Traum lebe ich?

Körbe mit Holzscheiben und Stiften durchgeben

Machen Sie die Augen zu und schauen Sie in Ihr Herz. Welcher Traum wohnt in Ihrem Herzen? Schreiben Sie Ihren Traum auf eine Holzscheibe. Dazu hören wir Musik.

Wenn die Musik zu Ende ist, sammeln Kinder die beschrifteten Holzscheiben ein.

Die Holzscheiben werden später als Weg zur Krippe ausgelegt

Der Baum träumt sehr gerne. Er träumt, was aus seinem Holz einmal werden soll. Wenn ein Baum nach vielen Jahren ganz ausgewachsen ist, kommt seine Erntezeit. Er wird gefällt und aus seinem Holz wird etwas Schönes gemacht. Was wohl aus dem Holz des kleinen Baumes Schönes und Besonderes gemacht wird?

Unser Baum liebt den Abendhimmel. Jeden Abend schaut er hinauf zum Himmel. Er liebt es, wenn die Sterne am Himmel aufleuchten und wie die Edelsteine funkeln. Besonders schön findet es der Baum, wenn eine Sternschnuppe vom Himmel fällt. Es sieht aus, als ob ein Edelstein auf die Erde fiele. Wir ahnen, was sich unser kleiner Baum wünscht: Aus seinem Holz soll einmal eine wunderschöne Schatzkiste werden. Ganz golden soll sie verziert sein und viele wertvolle Edelsteine sollen darin liegen. Ja, der kostbarste Schatz der ganzen Welt soll in dieser Schatztruhe liegen.

Die Zeit vergeht, mit der Zeit ist der Baum groß geworden. Er ist gut gewachsen und sein Holz ist das Beste, das man sich nur denken kann. Eines Tages haben sich Holzfäller auf den Weg gemacht. Sie sehen den schönen Baum und sagen: »Es ist Zeit, dass er gefällt wird.« Und sie fällen den Baum. Was wird wohl aus dem Baum? Ob sich sein Traum erfüllt? Wird aus seinem Holz tatsächlich eine Schatzkiste? Eine Schatzkiste für den kostbarsten Schatz der Erde?
Aus dem Holz wird keine Schatzkiste gemacht, sondern nur eine Futterkrippe. Die Futterkrippe wird in einen Stall gestellt. Da steht sie, und Ochs und Esel fressen aus ihr das Heu. Dabei wollte der Baum so gerne den kostbarsten Schatz der Welt in sich tragen.

Doch da geschah etwas Wunderbares. Es ist Nacht. Am Himmel leuchteten viele Sterne und über dem Stall leuchtete ein besonders heller Stern, wie ein großer Edelstein. Da kam ein kleiner Engel angeflogen. Mit einem Tuch putzte er die Futterkrippe ganz sauber. Der Ochse und der Esel schauten sich erstaunt an. Das war ja noch nie vorgekommen, dass ihre Futterkrippe so sauber geputzt wurde! »Nanu«, schnaubte der Esel, »was ist denn hier los, kleiner Engel?« »Ein Geheimnis, pst!«, flüsterte der Engel. »Bald wird eine junge Familie hier bei euch eintreffen. Die Frau heißt Maria und ihr Mann Josef. Maria wird hier bei euch im Stall ihr Kind bekommen. Die beiden sind auf der Durchreise und haben kein Bett für ihr Kind dabei. Deswegen werden sie es in eure Futterkrippe legen. Darum habe ich hier alles ganz sauber geputzt. Denn ihr müsst wissen: das ist kein normales Kind, das ist ein ganz besonderes Kind, das da bei euch geboren werden wird: Gottes Sohn!« Schnell flatterte der Engel wieder in den Himmel.
Und so wird sich bald der Wunsch des Baumes erfüllen. Aus der Futterkrippe war eine Schatzkiste geworden. Der größte Schatz, den es gibt: Das Christkind wird in der Krippe liegen!

(NACH ANGELA E. HUNT)

Fürbitten

Guter Gott, du schenkst uns Kraft, Zeit, Ruhe und Mut, unsere Lebensträume zu gestalten. Darum bitten wir:

Alle: Wir bitten dich, erhöre uns.

- Guter Gott, manchmal sind Menschen traurig, weil es in ihrem Leben nicht so läuft, wie sie es sich wünschen. Gib ihnen Geduld zu warten, bis ihre Träume in Erfüllung gehen.
- Guter Gott, lass uns erkennen, was wirkliche Schätze in unserem Leben sind.
- Guter Gott, lass uns viele glückliche Momente erleben, die wir in unserem Herzen wie in einer Schatztruhe aufbewahren können.
- Guter Gott, gib allen Menschen, die keine Hoffnung mehr haben, gute Träume.

CARMEN GREMMELSPACHER

Mit Licht erfüllt
Dritte Adventswoche

Vorbereitung
Die Kirche soll zu Beginn ganz dunkel sein. Der Gottesdienstleiter kommt mit einer brennenden Kerze herein. Es werden so viele Kerzen benötigt, wie es Aufrufe gibt (siehe unten).

Gestaltungselement zur Eröffnung
Ich begrüße euch alle ganz herzlich zu dieser Roratemesse. Es brennen in unserer Kirche keine Lichter. Wir befinden uns im Dunkeln. Deshalb war es gar nicht so einfach, sich zurechtzufinden, an seinen Platz zu kommen. In der Dunkelheit sind viele unsicher und orientierungslos. Sie haben Angst, wenn sie im Dunkeln ganz allein sind, und fühlen sich nicht wohl. Wie faszinierend sind dagegen Licht und Helligkeit. Die Kerzen am Adventskranz sagen uns: Wir warten auf das Fest der Ankunft des Herrn, auf das Licht Jesu.

Kerzen am Adventskranz werden entzündet

Hören wir als Einstimmung ein philippinisches Märchen:

Ein König hatte zwei Söhne. Als er alt wurde, wollte er einen von ihnen zu seinem Nachfolger bestimmen. Er versammelte die Weisen seines Landes und rief seine Söhne herbei. Er gab beiden je fünf Silberstücke und sagte: »Füllt bis zum Abend für dieses Geld die Halle in unserem Schloss. Womit, das ist eure Sache.« Die Weisen sagten: »Das ist eine gute Aufgabe.«
Der älteste Sohn ging davon und kam an einem Feld vorbei, wo Arbeiter dabei waren, das Zuckerrohr zu ernten und in einer Mühle auszupressen. Das ausgepresste Zuckerrohr lag nutzlos herum. Er dachte sich: »Das ist eine gute Gelegenheit! Mit diesem nutzlosen Zeug werde ich die Halle meines Vaters füllen.«
Mit dem Aufseher der Arbeiter wurde er rasch einig und bis zum späten Nachmittag schafften sie das ausgedroschene Zuckerrohr in die Halle. Als sie gefüllt war, ging er zu seinem Vater und sagte: »Ich habe deine

Aufgabe erfüllt. Auf meinen Bruder brauchst du nicht mehr zu warten. Mache mich zu deinem Nachfolger.«
Der Vater antwortete: »Es ist noch nicht Abend. Ich werde warten.«
Bald kam auch der jüngere Sohn. Er bat darum, das ausgedroschene Zuckerrohr wieder aus der Halle zu entfernen. So geschah es. Dann stellte er mitten in die Halle eine Kerze und zündete sie an. Ihr Schein füllte die Halle bis in die letzte Ecke.
Der Vater sagte: »Du sollst mein Nachfolger sein. Dein Bruder hat fünf Silberstücke ausgegeben, um die Halle mit nutzlosem Zeug zu füllen. Du hast nicht einmal ein Silberstück gebraucht und hast die Halle mit Licht erfüllt. Du hast sie mit dem gefüllt, was die Menschen brauchen.«

Wir wollen nun die Kirche und unsere Herzen mit Licht füllen.
Die Kinder kommen nach vorne, nehmen eine bereitgestellte Kerze, entzünden sie am Adventskranz, kommen zum Ambo und lesen.
Die Gemeinde kann auf das Licht mit dem Liedruf »Mache dich auf und werde Licht« (EH 91) antworten.

- Ich zünde diese Kerze an für die einsamen Menschen unter uns. Ich wünsche ihnen, dass sie erfahren, was Freundschaft bedeutet.
- Ich zünde diese Kerze an für alle, die Hunger haben. Ich wünsche ihnen, dass sie so wie wir genug zu essen haben.
- Ich zünde diese Kerze an für alle, die unter dem Spott ihrer Mitmenschen leiden. Ich wünsche mir, dass die Menschen frei werden von Vorurteilen.
- Ich zünde diese Kerze an für alle kranken Menschen. Ich wünsche ihnen, dass sie wieder gesund werden.
- Ich zünde diese Kerze an für alle, die einen geliebten Menschen verloren haben. Ich wünsche ihnen, dass sie über ihre Trauer hinwegkommen und den Menschen in guter Erinnerung behalten.
- Ich zünde diese Kerze an für alle, die unter Krieg und Gewalt leiden. Ich wünsche den Menschen, dass sie in Frieden leben können.
- Ich zünde diese Kerze an für diejenigen, die meinen, dass sie sich alleskaufen können. Ich wünsche ihnen, dass sie wirkliche Liebe erfahren.
- Ich zünde diese Kerze an für diejenigen, die meinen, nur mit Hilfe von Alkohol und Drogen glücklich sein zu können. Ich wünsche ihnen, dass sie auch durch die kleinen und großen Schönheiten des täglichen Lebens Glück empfinden können.

Verkündigung zu Joh 5, 33–36 (Freitag der 3. Adventswoche)

Ein kleines Licht steht vor dir. Ein kleines Licht und doch ein Geheimnis. Es erinnert an Gott, von dem alles Licht kommt.

Johannes der Täufer hat von Gott den Auftrag erhalten, Licht zu sein, zu brennen und zu erleuchten.

Schau dein kleines Licht an und spüre, wie es dich erleuchten möchte. Manchmal tut es gut, ein Licht anzuzünden und ruhig zu werden, zu sich selbst zu finden und im Lichtschein zum Nachdenken zu kommen.

Ganz ohne Worte rücken sich Wünsche und Sorgen, Probleme und Schmerzen, Dunkelheit und Bedrückendes ins Licht. Es fällt leichter, Ruhe und Abstand zu gewinnen, die Dinge in ein anderes Licht zu rücken. Mit einer Kerze fällt es auch leichter zu beten. Das Licht kann dann eine Brücke zu Jesus sein. Denn er ist das wahre Licht, das in unsere Welt gekommen ist.

Fürbitten

Jesus Christus, wir warten auf dich, denn du bist das Licht der Welt. Höre, was wir auf dem Herzen haben.

Alle: Schenke uns dein Licht!

- Lass dein Licht aufleuchten über allen jungen Menschen, die nicht mehr glauben können, die verzweifelt sind und den Sinn in ihrem Leben verloren haben.
- Lass dein Licht aufleuchten über denen, die sich entscheiden müssen, die vor einer Berufswahl stehen oder auf der Suche nach einem guten Arbeitsplatz sind.
- Lass dein Licht aufleuchten über allen Schülern und Schülerinnen, die keine Freude an der Schule haben, die unter Notendruck leiden und sich oft alleine fühlen.
- Lass dein Licht aufleuchten in uns, damit wir selbst zu Lichtträgern und Lichtträgerinnen Gottes in dieser dunklen und friedlosen Welt werden.
- Lass dein Licht aufleuchten über denen, die in diesen Tagen viel zu tun haben mit den Vorbereitungen auf das Weihnachtsfest, damit sie dein Kommen nicht übersehen.

Jesus Christus, du bist das Licht, das unsere Welt hell und warm macht. Wir danken dir jetzt und in Ewigkeit.

STEFAN FISCHER

Warten, Frieden, Glaube, Liebe
Vierte Adventswoche

. . . .

Vorbereitung
Vier dicke Kerzen, auf denen je ein Begriff steht: Warten, Frieden, Glaube, Liebe. Das Licht der beschrifteten Kerzen führt durch den Gottesdienst. Wir beginnen hinten in der fast dunklen Kirche.

Eröffnung
In dieser Feier heute (Morgen/Abend) wollen wir das Licht in den Mittelpunkt stellen. In der dunklen Jahreszeit ist unser Wunsch nach Licht ganz besonders groß. Schon die kleinste Flamme einer Kerze tut so gut. Sie kann uns wärmen und Licht schenken, damit wir uns wohlfühlen und sicher und geborgen. Wie wichtig das Licht für uns Menschen ist und was das Wort Licht alles meinen kann, davon werden wir in unserer Feier einiges hören und erleben. Beginnen wir im Namen des Vaters und des Sohnes und des Heiligen Geistes.

Erste Kerze: Warten
Es ist Advent, die Zeit der Erwartung, die Zeit des Wartens. Wir Menschen warten auf das Licht, auf das Heil. Wir sehnen uns nach Glück und Freude, nach Liebe und Aufmerksamkeit. Schon vor über 2000 Jahren haben die Menschen sich nach Heil, nach Wertschätzung und nach Gerechtigkeit gesehnt. Sie haben auf den Retter gewartet, den Messias. Er sollte sie befreien von all den Ungerechtigkeiten im Leben, von allen Streitigkeiten und von jeglicher Unterdrückung. Jesus hat das Licht in die Welt gebracht. Die erste Kerze soll entzündet werden für die Zeit des Wartens und dafür, dass wir die Hoffnung nicht aufgeben sollen, wenn wir lange warten müssen, wenn wir traurig sind und keinen Ausweg wissen.

Gebet

Guter Gott, mit diesem Licht wollen wir allen Kindern Mut machen, die im Dunkeln leben; die keine Möglichkeit haben, lesen und schreiben zu lernen; und oft nicht wissen, wie sie am nächsten Tag satt werden sollen. Ein Licht möge ihnen leuchten auf ihrem Weg; ein Licht, das ihnen die Zeit des Wartens erhellt, ihnen ein Lächeln schenkt und eine helfende Hand.

Liedruf

EH 22, DsL 56: »Gottes Wort ist wie Licht in der Nacht«

Zweite Kerze: Frieden

Dunkel ist es in unseren Herzen, wenn es Streit und Krieg gibt in unserer Welt. Wir Menschen sind oft eifersüchtig und neidisch aufeinander. Und manchmal geht es nur um Geld und Macht und darum, wer was bestimmen darf. In dieser Auseinandersetzung gibt manchmal ein Wort das andere und ganz schnell entsteht Streit, der sich ausbreitet wie ein Lauffeuer. Menschen bekämpfen einander. Jeder will recht haben, und am Ende bleiben Leid und Schmerzen, Tod und Trauer. So wollen wir unsere zweite Kerze entzünden, die uns das Licht des Friedens schenkt.

Gebet

Guter Gott, mit diesem Licht wollen wir den Menschen und besonders den Kindern in Kriegsgebieten Hoffnung machen. Lass sie erfahren, dass die Liebe größer und wertvoller ist als Macht, Reichtum und Ruhm.
Ein Licht möge ihnen leuchten, damit der erste Schritt zur Versöhnung und zum Frieden möglich wird; ein Licht, das Gerechtigkeit und Liebe in den Herzen leuchten lässt.

Liedruf

EH 22, DsL 56: »Gottes Wort ist wie Licht in der Nacht«

Dritte Kerze: Glaube

Glauben ist nicht immer einfach! Glauben hat etwas mit Vertrauen zu tun. Etwas zu glauben, das wir nicht mit den Augen sehen, nicht mit den Händen fühlen, mit der Nase riechen oder mit dem Mund schmecken können, fällt uns schwer. Wir verlassen uns auf alles, was wir mit unseren Sinnen erfassen können. Aber das, was mit unseren Herzen zu tun hat, was in unserem Innersten passiert, darauf müssen wir vertrauen. Da gibt es nichts zu beweisen. Da wir unseren Glauben nicht beweisen und auch nicht mit einem Geschmack oder einer Farbe nachweisen können, tauchen immer wieder Fragen und Zweifel auf. Wir können Gott nicht sehen und anfassen. Und weil er so unfassbar und so groß für uns Menschen ist, brauchen wir ein Zeichen, das uns sagt: Gott ist bei uns mitten in unserem Leben. Unsere dritte Kerze brennt für unseren Glauben an Gott den Vater, den Allmächtigen, den Schöpfer des Himmels und der Erde.

Gebet

O Gott, oft scheinst du so weit weg zu sein. Dann können wir nur schwer glauben. Lass uns deine Nähe in unserer Gemeinschaft spüren, wenn wir miteinander fröhlich sind und auch dann, wenn wir Trost brauchen.
O Gott, manchmal bist du so unvorstellbar groß für uns. Dann haben wir das Gefühl, wir sind allein gelassen und ganz klein. Hilf uns, unsere Augen zu öffnen und zu erkennen, dass du da bist und uns begleitest.
O Gott, deine Liebe ist nicht immer spürbar für uns. Dann beginnen wir zu frieren und suchen nach Antworten und Beweisen.
Stelle uns Menschen an die Seite, die uns erleben lassen, dass wir geborgen sind.

Liedruf

EH 22, DsL 56: »Gottes Wort ist wie Licht in der Nacht«

Vierte Kerze: Gemeinschaft

Gemeinschaft gelingt nicht immer, nicht zu Hause, nicht in der Schule, nicht im Kindergarten. Und doch sehnen wir uns nach Gemeinschaft. Deshalb leuchtet das vierte Licht für unsere Gemeinschaft. Wenn wir versuchen, den ersten Schritt der Versöhnung zu gehen und dem Freund, den wir verletzt haben, die Hand zu reichen, wird Gottes Liebe wirklich lebendig zwischen uns. Wenn wir den ersten Schritt wagen und von dem Vielen, das wir haben, ein wenig abgeben an die Kinder, die arm sind, dann wird die Barmherzigkeit Gottes mitten unter uns lebendig. Wenn wir Augen und Herzen öffnen für das, was um uns herum passiert, dann erkennen wir, wenn jemand unsere Hilfe und Unterstützung braucht. Wenn wir uns annehmen, so wie wir sind, ohne den anderen verändern zu wollen, dann kann Gemeinschaft gelingen – auch wenn wir ganz verschieden sind. Und wir können unsere unterschiedlichen Gaben und Fähigkeiten gemeinsam entdecken und nutzen.

Gebet

Guter Gott, du Ursprung allen Lebens. Du hast uns das Leben geschenkt in all der Unterschiedlichkeit, die jeden Einzelnen von uns ausmacht. Dafür danken wir dir. Schenke uns deine Liebe ins Herz, damit wir einander so annehmen und würdigen können. Lass uns die Vielfalt zum Erlebnis werden. Schenke uns deine Güte, damit wir einander voll Freude begleiten. Schenke uns dein Vertrauen, damit wir einander trauen und vertrauen können.
Guter Gott, du Ursprung allen Lebens, begleite unsere Gemeinschaft.

Liedruf

EH 22, DsL 56: »Gottes Wort ist wie Licht in der Nacht«

MARTINA KLEISZ

O-Antiphonen

O Weisheit
17. Dezember

O Weisheit, hervorgegangen aus dem Munde des Höchsten –
die Welt umspannst du von einem Ende zum andern,
in Kraft und Milde ordnest du alles:
o komm und offenbare uns den Weg der Weisheit und Einsicht.

Erschließung

Mit der aus Gottes Mund hervorgegangenen Weisheit beginnen die letzten sieben Tage des Advents. Der Bezeichnung kommt somit eine Schlüsselfunktion zu. Die Weisheit, von der hier gesprochen wird, kann mit einem Navigationsgerät verglichen werden. Das menschliche Leben gleicht einer Autofahrt.

Auf dieser Fahrt gibt es immer wieder Kreuzungen. Wie soll ich wissen, welche Richtung ich einschlagen soll? Welches ist mein Weg, von Gott bestimmt? Komm und offenbare uns den Weg der Weisheit und Einsicht. Dieser letzte Satz der Antiphon gibt darauf Antwort.

Wir Menschen sind davon überzeugt, dass Gott selbst uns den Weg der Einsicht lehren kann und will. Wer Jesus Christus in sein Leben lässt, der hat, wenn man so will, ein göttliches Navigationsgerät in sich. Ein Gerät, das mir nicht das Fahren abnimmt, das mir aber an schwierigen Stellen des Lebens Wegweisung und Hilfe schenkt, um gut und sicher ans Ziel zu kommen.

Die Weisheit wirkt mächtig und freundlich. Sie lenkt mit Kraft, drängt sich aber niemandem auf. Sie bietet sich an, zwingt aber niemanden. Die Stimme der göttlichen Weisheit brüllt nicht. Sie spricht manchmal auch ganz leise, sodass ich ruhig werden und mich konzentrieren muss, um die Stimme nicht zu überhören.

Die Weisheit ordnet freundlich. Gottes Weisheit bewirkt nicht Tohuwabohu, sondern Klarheit und Ordnung. Das griechische Wort für Ordnung ist Kosmos. Gott hat den Kosmos erschaffen und seine Weisheit durchdringt alles. Wer sich auf den Weg der göttlichen Weisheit einlässt, für den ordnet sich das Leben. Die Zwickmühlen, die Schwierigkeiten und Probleme der menschlichen Existenz lösen sich auf. Weisheit im biblischen

Sinne bedeutet nicht Anhäufung von Wissen, sondern die Fähigkeit, Gottes Willen zu erkennen und gläubig mit dem Herzen aufzunehmen.
Immanuel Kant hat den Aufruf geprägt: »Sapere aude!« – »Wage zu denken!« Auch Gott ruft uns diesen Satz zu, nicht als Befehl, sondern als Einladung. Gott traut uns zu, dass wir unseren Verstand benutzen und einsetzen. Es gibt so viele Mitläufer und Ja-Sager, Menschen, die sich nicht trauen, sich ein eigenes Urteil zu bilden und danach zu handeln. »Sapere aude!« – »Wage zu denken!«, auch das sagt uns diese Antiphon zu. Gott selbst hat uns mit Weisheit ausgestattet. Es liegt an uns, sie zu entdecken und einzusetzen als freie, selbstbewusste Kinder Gottes. Es liegt an uns, auf das göttliche Navigationssystem zu hören und so unseren Weg sicher und selbstbewusst zu finden und zu gehen.

Gebet

Herr, Jesus Christus.
Mit Recht nennen wir dich Weisheit. Wir wollen ruhig werden, damit wir dich in uns wahrnehmen können. Wir wollen auf deine Stimme hören, damit wir gut und sicher ans Ziel kommen. Du, Jesus Christus, meine Weisheit, die mich lenkt und leitet.

ALEXANDER KRAUSE

O Adonai
18. Dezember

O Adonai, Herr und Führer des Hauses Israel,
im flammenden Dornbusch bist du dem Mose erschienen
und hast ihm auf dem Berg das Gesetz gegeben:
O komm und befreie uns mit deinem starken Arm.

Erschließung

Das Wort Jesu aus dem Matthäusevangelium »Niemand kann zwei Herren dienen« (Mt 6,24) könnte als Überschrift der Antiphon gelten. Die Antiphon bezeichnet Jesus Christus mit dem hebräischen Begriff *Adonai*. Er bedeutet so viel wie »meine Herren«. Es liegt also eine Mehrzahl, ein sogenannter Pluralis Majestatis vor. Es war ein sprachliches Stilmittel, mit dem die Wichtigkeit und Bedeutsamkeit des Angerufenen zum Ausdruck gebracht werden konnte.

Es ist der eine, wahre Gott Israels gemeint – *Jahwe!* Er ist der Herr, der Fürst des Hauses Israel, der das Gesetz gab und es erlöste mit starkem Arm. Diese Bezeichnung wird nun auf Jesus Christus übertragen.

So wie Gott uns als Schöpfergott das Leben schenkt, so schenkt uns Jesus Christus in der Taufe eine neue Lebendigkeit. Wie Gott sein Volk Israel begleitet, so geht Christus mit uns unseren Lebensweg. So wie Gott das Volk Israel aus der Knechtschaft Ägyptens in die Freiheit geführt hat, so schenkt uns der Glaube an Jesus Christus neue Freiheit.

Zum Erhalt der Freiheit gab Gott seinem Volk nach dem Auszug aus Ägypten die Weisung zum Leben, die Zehn Gebote. In Jesus Christus sehen wir die Erfüllung dieser Gebote als Wegweisung für unser Leben. Gott hat uns Menschen zur Freiheit berufen. Aus dieser Freiheit heraus haben wir als Christen entschieden, wer unser Herr ist. Denn: »Niemand kann zwei Herren dienen!«

Es gibt in unserer Gesellschaft viel Konkurrenz zu unserem Herrn. Sie hat unterschiedliche Namen: Geld, Konsumzwang, Macht, Selbstherrlichkeit, das Recht des Stärkeren, Schönheit, Jugendlichkeit … Sie alle versprechen uns Freiheit. Aber letztlich sind dies Herren, die uns unfrei und abhängig

machen und dabei kleinhalten. Es sind Herren, die uns Sand in die Augen streuen und falsche Versprechungen machen.
Gottes Gebote und der Weg Jesu machen uns Menschen nicht zu Knechten, sondern zu freien Individuen. Ohne Regeln herrscht die größte Unfreiheit, die es gibt – Anarchie, Willkür, letztlich Tod. Unser Herr möchte uns von den größten Fesseln – Hass, Neid und Angst vor dem Tod – befreien. Er möchte uns Raum schenken zum Wachsen und zum Leben.
Diesem Herrn gebührt Anerkennung und Ehre, nicht aus Unterwürfigkeit, sondern aus der Erkenntnis heraus, dass es keinen größeren, gerechteren und liebenderen Herrn geben kann, dem zu dienen sich lohnt.
Fromme Juden sprechen den Gottesnamen Jahwe nicht aus und verwenden stattdessen immer die Anrede *Adonai*. Auch wir sollen uns dem Gottesnamen voller Ehrfurcht und Anerkennung nähern. Wir sind zwar Kinder Gottes und dürfen ihn Vater nennen, zugleich aber sollen wir uns unsere Begrenztheit immer wieder bewusst machen. Wir können nicht alles selbst, wir haben Schwächen und wir begehen Sünden. Wenn der Mensch sich selbst absolut setzt, sich selbst an die Stelle des einzigen und wahren Herrn setzt, dann läuft seine Welt aus dem Ruder.
Demut ist notwendig: Nicht ich bin der Herr, sondern Gott. Diese Haltung und die Entscheidung für ein Leben in der Nachfolge Christi entlasten und befreien. Ich darf Jesus Christus in mein Leben treten lassen und mich von ihm, dem einzigen und wahren Herrn, führen lassen.

Gebet

Herr, Adonai –
Wir beten dich an!
Oft stehen wir in der Versuchung, andere Herren anzubeten, ihnen Macht über uns einzuräumen.
Im Grunde unseres Herzens wissen wir aber: Du allein bist der Herr, der uns Leben und Freiheit schenkt. Sonst niemand.
Lass uns das nie vergessen.
Du, unser Herr, Adonai.

ALEXANDER KRAUSE

O Spross aus Isais Wurzel

19. Dezember

O Spross aus Isais Wurzel,
gesetzt zum Zeichen für die Völker –
vor dir verstummen die Herrscher der Erde,
dich flehen an die Völker:
O komm und errette uns, erhebe dich, säume nicht länger.

Erschließung

Das Bild des Sprosses aus der Wurzel Jesse, das mit dieser Antiphon aufgerufen wird, weist tief in die Geschichte Israels zurück. Jesse oder Isai war der Vater des König David. Vom Prophet Samuel war David zum König über Israel gesalbt worden. Selbst sein Vater Isai hatte mit dieser Wahl nicht gerechnet, denn zunächst schien Gott keinen von seinen Söhnen erwählt zu haben. Die Begründung lautet: »Der Mensch sieht, was vor den Augen ist, der Herr aber sieht das Herz.« (1 Sam 16,7).

Der jüngste Sohn – David – war schließlich der Erwählte, den Gott zum König über Israel salben ließ, weil sein Herz ihm gefiel. Doch die Geschichte Israels ging weiter. Schon in der zweiten Generation nach David zerfiel das Königreich Israel in zwei Teile. Von außen wurde das gespaltene Reich von starken Nachbarreichen bedrängt, von innen hatten sie unter teilweise tyrannisch herrschenden oder ungeschickten Machthabern zu leiden. So galt die Sehnsucht vieler Menschen einem neuen König; einem wie David, unter dessen Regierung das Volk in Gerechtigkeit, Freiheit und Frieden leben konnte.

Nun trat im 8. Jahrhundert der Prophet Jesaja auf. Er lebte in Jerusalem in einer Zeit starker militärischer Unruhen. Isai hatte zwei- bis dreihundert Jahre früher gelebt, die Dynastie Davids, die aus ihm entsprossen war, war welk geworden. Doch Jesaja prophezeite: »Aus dem Baumstumpf Isais wächst ein junger Trieb«. (Jes 11,1) Gott selbst kann verfügen, dass aus der toten Wurzel neues Leben sprießt. Diese große Hoffnung verkündete Jesaja dem bedrängten Volk.

Schon früh wurde das Bild des Sprosses aus der Wurzel Jesse auf Jesus Christus bezogen. Paulus zitiert im Brief an die Römer Jesajas Prophezeiung (Röm 15,12).

Dieser neue, von Gott gegebene Spross aus der Wurzel Jesse ist für Jesaja Urheber einer neuen Weltordnung, die nicht länger von Gewalt und Gier bestimmt ist, sondern in Bildern paradiesischen Friedens beschrieben wird (Jes 11,69). So steht er da als Zeichen der Völker!

Die O-Antiphon zitiert weiter das Jesaja-Buch: »Dich flehen an die Völker« (Jes 11,10). Und ergänzt dazu: »Vor dir verstummen die Herrscher der Völker«.

Der neue Spross aus der Wurzel Jesse dreht also die Ordnung zwischen oben und unten um: Die Mächtigen müssen verstummen, er stößt sie vom Thron und erhöht die Niedrigen (Lk 1,52). Die Herrscher, die ihren Einfluss gegen andere Menschen ausspielen, müssen verstummen. Die Völker dagegen, die Kleinen und Unterlegenen, haben endlich jemanden gefunden, vor dem sie zu Wort kommen dürfen.

Die O-Antiphon schließt mit der Bitte: »O komm und errette uns, erhebe dich, säume nicht länger«. Hier lohnt ein kurzer Blick in den lateinischen Grundtext. Die wörtliche Übersetzung lautet nämlich: »Komm, uns zu befreien!«

Dieser Ruf nach Befreiung kann sich auf alles beziehen, was im Leben einzelner Menschen, Menschengruppen oder ganzer Nationen noch versklavend wirkt, seien es ungerechte politische und wirtschaftliche Verhältnisse, seien es unfaire Bedingungen am Arbeitsplatz, seien es Zwänge in den eigenen Denkmustern, die einen innerlich freien Umgang mit sich selbst und den Nahestehenden erschweren.

Diese Befreiung zu neuem Leben wird von einem einzelnen kleinen Trieb aus einer längst verdorrten Wurzel erwartet, von einem kleinen Kind am Rand der Weltgeschichte einer längst vergangenen Epoche. Ist es doch dieser neue Lebenszweig, den Gott selbst schenkt, der Messias, der Gesalbte!

Gebet

Gott,
wie abgestorben scheint uns oft die Hoffnung,
einem Baumstumpf gleich,
der Baum vor Zeiten schon von einer mächtigen Axt gefällt.
Und die Axt – sie heißt Unrecht, Krieg, Gewalt.
Doch ein lebendiger Spross zieht seine Kraft auch heute noch aus deinem Grund.
Seine Triebe sind Zeichen der Hoffnung,
Friedensgesten, Begegnungen voll Sanftmut, Worte des Rechtes.
Unsere Augen und Ohren, so blind und taub,
unser Mund verstummt –
öffne sie, dass wir zu Kündern deiner lebendigen Wirklichkeit werden!

MARION BEXTEN

O Schlüssel Davids

20. Dezember

O Schlüssel Davids, Zepter des Hauses Israel –
du öffnest, und niemand kann schließen,
du schließt, und keine Macht vermag zu öffnen:
O komm und öffne den Kerker der Finsternis
und die Fessel des Todes.

Erschließung

Wer rechtmäßig einen Schlüssel hat, der hat auch berechtigten Zugang. Wer keinen Schlüssel hat, dem ist der Zugang versperrt. Er muss auf einen warten, der im Besitz des Schlüssels ist und aufschließen kann. Einen Schlüssel zu haben, ist eine Auszeichnung; es bedeutet Macht und Ansehen!

Der erwartete Christus wird mit dem Bild des Schlüssels herbeigerufen. Er selbst erschließt den Zugang zu Gott. Das Wort vom Schlüssel Davids sagt der Prophet Jesaja zuerst von König Eljakim (Jes 22,22), der die Gemeinde Israel zusammenhalten und für sie sorgen soll wie ein Vater. Das Haus Davids muss geschützt werden. Darum muss einer da sein, der auf- und zuschließt, der hereinlässt, was herein gehört, und der aussperrt, was Schaden bringt.

Der angerufene und verheißene Christus ist der, der alle, »die in Finsternis sitzen und im Schatten des Todes«, aus dem dunklen Kerker heraus und ins Licht führen kann. Diejenigen, die hinter das Licht geführt wurden, werden jetzt mitgenommen in das »aufstrahlende Licht aus der Höhe« (Lk 1,79). Weil Christus die Schlüsselgewalt über Heil und Unheil des Menschen nicht nur innehat, sondern selbst ist, darum kann er die Schlüsselgewalt auch an Petrus übertragen: »Ich werde dir die Schlüssel des Himmelreiches geben« (Mt 16,19). Aber wohlgemerkt: Er selbst ist der Schlüssel; alle andere Schlüsselgewalt und jede weitere Schlüsselposition ist nur ausgeliehen und dazu da, den Zugang zum Vater aufzuschließen.

Wer einen Schlüssel hat, der hat Rang und Macht. In den Gemeinden ist das Schlüssel-Thema gar nicht selten! Wie häufig wird um Schlüssel gerungen! Wer freien Zugang hat zum Gemeindesaal, der ist in der Gemeinde wer. Wer von den Jugendlichen einen Schlüssel ausgehändigt bekommt, mit dem man zu jeder Tages- und Nachtzeit in die Jugendräume kommen kann, der hat ein manchmal hart umkämpftes und verantwortungsvolles Privileg. Wer außer dem Pfarrer bekommt einen Hauptschlüssel, mit dem jede Tür verschlossen und geöffnet werden kann? Vermutlich hat jeder Mensch Schlüsselerfahrungen im konkreten und übertragenen Sinn: Vielleicht als Kind, das den Schlüssel um den Hals trug, was eher ein Symbol von mangelndem Schutz ist, weil niemand da ist, der einen Raum der Geborgenheit aufschließt und abschließt. Vielleicht als Jugendlicher, der von seinen Eltern endlich einen Hausschlüssel bekam und unkontrolliert nach Hause kommen konnte. Vielleicht als Gast, dem das Vertrauen entgegen gebracht wird, einen Schlüssel zu haben.

In Christus ist uns der Schlüssel in die Hand gegeben, mit dem wir den Zugang zum Leben aufschließen können. In dem, was er sagt und tut, ist er uns Schlüssel zum Verstehen, Schlüssel für unsere Lebensauffassung, Schlüssel auch für die schweren Geheimnisse wie Schicksal, Krankheit, Schuld und Tod. Aber wer den Schlüssel hat, dem kommt auch große Verantwortung zu. Wehe dem, der dem Menschen den Zugang zu Gott verschließt! Das war ja das Gerichtswort über die Pharisäer, die hätten aufschließen sollen und – offensichtlich – doch für so viele den Zugang versperrt haben. Christus ist der Schlüssel zum Haus des Vaters, in dem wir alle erwartet werden.

Gebet

Herr Jesus Christus,
schließ auf, wo wir keinen Ausweg wissen;
schließ zu, wo das Böse in uns herein will;
schließ ab, wo unsere Konflikte nicht enden wollen;
schließ an, wo wir uns alleingelassen fühlen;
schließ ein, was in uns bewahrt werden soll;
schließ weg, was uns nichts angeht;
sei du schließlich Schlüssel zum Leben
und Leben zum Schluss.

ANTON SEEBERGER

O Morgenstern
21. Dezember

O Morgenstern, Glanz des unversehrten Lichtes,
der Gerechtigkeit strahlende Sonne:
o komm und erleuchte, die da sitzen in Finsternis
und im Schatten des Todes.

Erschließung

Menschen verlieren leicht die Orientierung. Die alltäglichen Pflichten und Aufgaben nehmen einen so in Anspruch, dass man vergisst, was und wofür man etwas eigentlich tut. Ansichten und Meinungen brechen manchmal so vehement herein, dass man gar nicht mehr weiß, was man selbst von einer Sache denken und halten soll. Schlechte Gewohnheiten, die man selbst nur schwer bewältigen kann, sowie der *common sense* lassen einen schon manchmal Ziel und Richtung aus den Augen verlieren. Eine klare Orientierung tut Not, die man nicht in jeder Entscheidungssituation neu bedenken oder mit sich und den anderen aushandeln muss. Klarheit ist eine hohe Gabe in unserer höchst komplizierten Lebenswelt.

Christus ist unsere Orientierung – Wegmarke, Zielrichtung, Leuchtfeuer. Wir rufen ihn herbei als Morgenstern – *oriens* –, weil wir im Zwielicht leben und darum Richtung und Ziel so leicht verlieren. Der große Tag der Vollendung ist noch nicht gekommen, das unversehrte Licht, das Klarheit verschafft, ist immer noch verdunkelt. Die Sonne der Gerechtigkeit ist über vielen Menschen und Völkern verblasst und, ihrem eigenen Empfinden nach, sogar untergegangen.

Die Heilige Schrift ist voller Bilder des Lichtes. Der Prophet Jesaja verheißt: »Der Herr ist dein ewiges Licht, dein Gott dein strahlender Glanz« (Jes 60,19). Gottes Licht ist so hell, dass »Völker zu seinem Licht wandern« (vgl. Jes 60,3). Menschen suchen nach einer Lichtgestalt und finden sie in Gott: »Er leuchtet wie das Licht der Sonne, ein Kranz von Strahlen umgibt ihn, in ihnen verbirgt sich seine Macht« (Hab 3,4). Immer ist das Licht im biblischen Sprachgebrauch mit dem Leben, mit der Gerechtigkeit, mit Heil und

Heilung verbunden: »Für euch aber, die ihr meinen Namen fürchtet, wird die Sonne der Gerechtigkeit aufgehen, und ihre Flügel bringen Heilung« (Mal 3,20). Wir rufen im Advent nach dem, der von sich sagt: »Ich bin das Licht« (Joh 8,12).

Dem Licht ist es eigen, dass es aufrichtet. Jede Pflanze, jedes Blatt wächst dem Licht entgegen. Und so auch der Mensch: Wenn die Sonne über ihm aufgeht, kann er sich aufrichten und erheben, um mit freiem Blick das Leben zu betrachten und seinen Tag anzugehen. Wir rufen Christus herbei, der den Tag heraufführt, an dem alle sich frei erheben können und an dem die Dunkelheit der Welt vertrieben ist.

Wer sich in die Nachfolge Jesu begibt und den Weg seines Evangeliums geht, der ist mit Dunkelheit und Finsternis konfrontiert, in sich selbst und um sich herum. Daher kommt es, das fromme Menschen in allen Religionen um Erleuchtung bitten. Jeder Gläubige trägt das Licht in sich – »Ihr seid das Licht der Welt« (Mt 5,14) – und weiß zugleich, wie viel Finsternis und Dunkelheit er bewältigen muss, bis er ins Licht getaucht und vom Licht ergriffen ist.

Der Gerufene ist der Morgenstern an unserem Himmel – er gibt die Richtung vor und zeigt mit Gewissheit den heraufkommenden Tag an!

Gebet

Herr, Jesus Christus,
du bist erwartet,
wie der Kranke nach einer schlaflosen Nacht den Morgen erwartet;
du bist ersehnt,
wie der von Arbeit Erschöpfte den milden Schein des Abends ersehnt;
du bist erhofft,
wie der Furchtsame und Verunsicherte klare Auskunft und Ansage erhofft;
du bist gesucht,
wie der vom Weg Abgekommene das richtungsweisende Zeichen sucht;
du bist willkommen,
wie der volle Mond in der Nacht und wie der helle Stern am Morgen.

ANTON SEEBERGER

O König der Völker
22. Dezember

O König aller Völker,
ihre Erwartung und Sehnsucht;
Schlussstein, der den Bau zusammenhält:
O komm und errette den Menschen,
den du aus Erde gebildet.

Erschließung
Es ist erstaunlich, dass es in Westeuropa noch über zehn Monarchien gibt, auch wenn die politische Macht meist sehr beschränkt ist. Wir können wir mit dem Anruf »König der Völker« vielleicht mehr anfangen, als es auf den ersten Blick scheint.
Auch für viele Deutsche sind die europäischen Königshäuser äußerst faszinierend und die royalen Märchenhochzeiten lassen viele Herzen höher schlagen.
Wir tragen die Sehnsucht nach einem König in uns. Aber nicht nach einem selbstherrlichen Tyrannen, der nur an Macht, Reichtum und Prunk denkt und dem das Volk egal ist. Es ist die Sehnsucht nach einem wahren, einem göttlichen König. Wahre und gute Könige waren immer Garanten für Frieden und Wohlstand.
Diese Garantie schenkt uns Gott in Jesus Christus, dem König der Völker. Er schickt nicht seine Soldaten in den Krieg, sondern nimmt selbst das Kreuz auf sich. Er schickt sein Volk nicht in den Tod, sondern stirbt selbst für sein Volk. Was für ein König!
Könige waren schon zu allen Zeiten große Bauherren. Der Bau von Pyramiden, Schlössern, Tempeln – wie der zu Jerusalem – wurden von Königen veranlasst und durchgeführt. Es sind beeindruckende Zeugnisse menschlicher Schaffenskraft, aber sie sind und bleiben es nicht für alle Ewigkeit.
Wenn Jesus Christus, der König der Völker, auch als Schlussstein bezeichnet wird, dann ist von einem ganz anderen und neuen Gebäude die Rede. Christus erbaut sich ein Haus, das nicht der Vergänglichkeit unterworfen ist, sondern ewig Bestand haben wird. Jesus Christus errichtet ein Gebäude, in das alle Menschen guten Willens eingeladen sind, einzuziehen

und dort zu wohnen. Ein Gebäude, das schöner, herrlicher und prachtvoller ist als jedes Schloss dieser Welt.

Gebet

Herr, Jesus Christus,
die Sehnsucht in uns nach einem wahren König ist groß. Wir nennen dich König und es geschieht etwas Wunderbares. Wir werden nicht klein, sondern groß gemacht. Du reichst uns die Hand und ziehst uns zu dir. Du schaust uns in die Augen und sagst: »Du bist nicht mein Untertan, du bist mein Freund, meine Schwester, mein Bruder!«
Herr, du bist wahrhaft ein göttlicher König.

ALEXANDER KRAUSE

O Immanuel
23. Dezember

O Immanuel,
unser König und Lehrer,
du Hoffnung und Heiland der Völker:
O komm, eile und schaffe uns Hilfe,
du unser Herr und unser Gott!

Erschließung

Immer drängender wird der Schrei nach Gott. »Immanuel – Gott mit uns« wird die Mutter ihren Sohn nennen, so kündigt es der Prophet Jesaja an (Jes 7,14). Jesaja spricht in eine düstere Zeit hinein, in der kaum noch ein Israelit an seinen Gott glaubt, an den Gott, der von sich selbst sagt: »Ich bin der ich bin da«. Wo ist hier die Sehnsucht der Völker nach einem Gott, der ihnen Erlösung und Rettung schenkt? Wo ist heute die Sehnsucht nach einem Gott, der uns rettet und erlöst? Haben wir nicht unsere eigenen Lösungen und Rettungswege parat?

Vielleicht müssen wir tief nach unserer Sehnsucht graben. Womöglich müssen wir erst einen Zugang finden zu unserer eigenen und gesellschaftlichen Misere, um überhaupt nach Erlösung zu rufen.

Der *Gott mit uns,* nach dem die Antiphon ruft, ist König und Richter. Manche übersetzen das lateinische Wort *legifer* auch mit *Lehrer.* Gemeint ist einer, der Gesetze gibt. Derjenige, den wir erwarten und herbeirufen, ist also einer, der uns in unser Leben hineinredet. Es will gut überlegt sein, ob wir dazu überhaupt bereit sind. Wenn wir uns für den Immanuel öffnen, hat das Konsequenzen. Es geht nicht mehr so weiter wie bisher. Da will Gott in unserem Leben regieren und sagen, wo es langgeht. Wir müssen uns dann an seinen Maßstäben messen lassen, an der Liebe, der Wahrhaftigkeit, der Entschiedenheit.

Wenn wir das Kind in der Krippe als den ersehnten Immanuel verehren, wird es uns die Frage stellen: Willst du mir nachfolgen? Das heißt nichts anderes, als sich an Gottes Willen und seinen Maßstäben zu orientieren und sie im Leben umzusetzen – auch wenn es uns nicht passt. An Weihnachten feiern wir die Geburt des *Gott mit uns.* In seinem Sohn zeigt uns

Gott, wie dieser Weg geht, immer mehr Mensch zu werden. Es kostet also Mut, den Immanuel herbeizurufen.

Gebet

Komm, Herr,
brich ein in mein Leben,
stelle es auf den Kopf und kremple es um.
Sage du mir, worauf es ankommt.
Zeige mir, was ich tun und wie ich leben soll.
Und wenn mir der Mut fehlt, die Kraft oder die Lust,
dann rüttle mich auf und befreie mich
von meiner Angst und von meiner Trägheit.
Lass meine Sehnsucht nach dir von Tag zu Tag wachsen.
Vielleicht wird sie ansteckend für die Welt.
Komm, Immanuel,
komm in unsere Welt.

CORNELIA REISCH

Früh- oder Spätschichten

Zur Mitte gehen

Vorbereitung

Ein Labyrinth mit Teelichtern legen; Liederzettel, Bilder eines Labyrinths (Kopien), Stifte, Kerzen, die zum Fürbittgebet entzündet werden

Begrüßung

Ein herzliches »Guten Morgen« (Abend) zu dieser besonderen Stunde im Advent. Mit den Worten »Zur Mitte gehen und neu aufbrechen« wollen wir uns anrühren lassen auf dem Weg nach Weihnachten. Beginnen wir unsere Feier mit dem Zeichen, das auch den Anfang von unserem Labyrinth bildet, mit dem Zeichen des Kreuzes. Im Namen des Vaters und des Sohnes und des Heiligen Geistes.

Lied

EH 251 »Menschen auf dem Weg durch die dunkle Nacht«

Einführung

Das Labyrinth ist eine Figur mit einem einzigen Eingang. Tritt man hinein und geht den Weg, so wird man auf vielen Umwegen, Kehren und Schwüngen manchmal ganz in Richtung Mitte geführt und dann wieder weit nach außen, bis man schließlich wirklich in der Mitte ankommt. Es gibt keine Kreuzungen und keine Abzweigungen. Wer unbeirrt den Weg geht und die Umwege nicht scheut, gelangt ins Zentrum und damit zum Ziel. Und wer zum Ausgangspunkt zurück will, muss umkehren und den gleichen Weg mit allen Kehrtwendungen wieder hinaus schreiten. Nicht immer gelingt es uns, die nötige Geduld oder das entsprechende Durchhaltevermögen aufzubringen. In dieser Stunde aber seid ihr eingeladen, den Weg durch das Labyrinth zu gehen. Tief begreifen können wir Menschen am ehesten, wenn wir Erfahrungen machen, die uns bewegen, die wir erspüren und nachfühlen. Solche Erfahrungen prägen uns fürs Leben. Wir vergessen sie nicht wieder, weil sie nicht nur im Kopf passieren, sondern auch im Herzen. Ein sprechendes Erfahrungssymbol ist das Labyrinth. Wie jedes echte Symbol trägt es ein Geheimnis in sich. Es verbindet das Bewusste mit dem Unbewussten.

Bleiben wir auf unserem Weg achtsam für das, was uns selbst bewegt. Wir wollen auch aufmerksam sein für die anderen, damit wir gut aneinander vorbeikommen und uns nicht drängen. Besser ist es, langsam zu gehen und den nötigen Abstand zu wahren. Bevor wir nun hineinschreiten, wollen wir Gott, den Ursprung allen Lebens, in unserer Mitte willkommen heißen.

Gebet

Guter Gott, wir sind auf dem Weg durchs Leben. Nicht immer sehen wir, wie und wo es weitergeht. Zeige du uns den Weg, damit wir nicht fallen in dieser schnellen Zeit.
Guter Gott, wir gehen unseren Weg im Rhythmus unserer Gesellschaft. Nicht immer bleibt sichtbar, was wirklich wichtig und wertvoll ist. Zeige du uns den Weg, damit wir das Kleine nicht niedertrampeln in dieser großen Zeit.
Guter Gott, unser Weg durchs Leben führt nicht immer durch grüne, blühende Wiesen. Dürre Steppen, karge Wüsten sind zu bewältigen. Dunkle Gewitterwolken begleiten uns. Zeige du uns den Weg. Lass uns spüren, dass du da bist und uns trägst.
Guter Gott, wir grüßen dich in dieser Stunde. Wir loben dich und preisen dich, jetzt und in Ewigkeit.

Schreiten durch das Labyrinth

Während wir das Labyrinth durchschreiten, begleitet uns ruhig fließende Musik, vielleicht auch Lieder aus Taizé

Theseus-Geschichte

Alle neun Jahre mussten die Athener eine Abordnung von sieben jungen Männern und sieben Mädchen ins kretische Knossos schicken, es war ein Tribut als Zeichen der Abhängigkeit. Waren sie dort angekommen, führte man sie ins Labyrinth und warf sie dem darin hausenden Minotauros vor, einem Untier, halb Stier und halb Mensch. Theseus, der Sohn des athenischen Königs, fuhr mit den jungen Leuten nach Knossos und besiegte den Minotauros. Aber er wäre mit seinen Gefährten und Gefährtinnen trotzdem nicht lebend aus dem Labyrinth herausgekommen, wenn ihm nicht Ariadne, die Tochter des Königs Minos, eine Garnrolle mitgegeben hätte, weil sie sich in Theseus verliebt hatte und seinen Tod nicht wollte. Beim Hineingang rollte er den Faden ab, daher konnte er beim Aufwickeln den Rückweg wieder finden.

Ihr bekommt nun anstelle eines Fadens einen Stift mit auf den Weg und eine Kopie des Labyrinths. Sucht euch in der Kirche einen Platz, an dem ihr ganz ungestört und jede/r für sich eintauchen kann in die ganz eigene Weggeschichte. Vielleicht wollt ihr dabei mit dem Stift das Labyrinth nachzeichnen.

Meditation

Das Labyrinth hat seinen Ursprung in der Form eines Kreuzes. Ausgehend davon werden sieben Kreise gezogen, die einen verschlungenen Weg bilden, der keine Irrwege hat und keine Sackgassen. Er führt hin und her, nach innen und nach außen und schließlich zur Mitte. Dort ist der Ort der Umkehr. Man geht auf dem gleichen Weg wieder zurück. Sicher ist es nicht derselbe Weg, denn Blickwinkel und Richtung haben sich verändert; möglicherweise auch der Gang und die Kopfhaltung. Das Labyrinth ist ein Bild für die schwierigen und verschlungenen Lebenswege von uns Menschen. Wenn wir das Labyrinth betreten, haben wir das Ziel bereits vor Augen. Die Distanz scheint nur kurz zu sein. Und doch führt der Weg um die Mitte herum, manchmal sogar immer weiter weg von ihr, hinaus in die Windungen am Rande des Labyrinths. Fragen tauchen auf in mir: Bin ich überhaupt noch auf dem richtigen Weg? Lohnt es sich noch weiterzugehen? Und wo ist eigentlich das Ziel? Ich kann es gar nicht mehr sehen! Bin ich etwa nur im Kreis gelaufen? Wo ist der Weg, der mich zur Mitte führt, zu meiner Mitte, zu meinem Ziel? Wie ist es mir ergangen, als ich umkehren musste? Was ist passiert an dieser Kehre? Und warum hat sie mich wieder so weit hinausgeführt? Solche oder ähnliche Fragen tauchen auf. So manche Wegstrecke wird wieder sichtbar vor meinem inneren Auge. Lassen wir uns hineinnehmen in das Geheimnis des Labyrinths.

Schriftwort (Mt 6,22–23)

Wo dein Schatz ist, da ist auch dein Herz. Das Auge gibt dem Körper Licht. Wenn dein Auge gesund ist, dann wird dein ganzer Körper hell sein. Wenn aber dein Auge krank ist, dann wird ein ganzer Körper finster sein. Wenn nun das Licht in dir Finsternis ist, wie groß muss dann die Finsternis sein!

Lied

EH 112 »Durch das Dunkel hindurch«

Gedanken zum Evangelium

Ganz da sein! Ganz durchs Leben gehen! Kopf und Bauch genügen nicht! Mit allen Sinnen spüren! Lebendig sein! So sagt es uns der Evangelist Matthäus. Das Auge gibt dem Körper Licht. Eine wundervolle Vorstellung. Wir gehen mit offenen Augen durch unsere Welt. Manches, das wir sehen, findet den Weg in unser Herz. Mit den Augen schauen wir, ob wir auf dem richtigen Weg sind, mit dem Herzen spüren wir, wie schön und wie schwer unsere Wege sind! In dieser Stunde haben wir versucht, mit unserem Körper der eigenen Weggeschichte nachzugehen. Wir sind sie tatsächlich gegangen, haben gesungen, gebetet und in uns hineingehört. Wir waren ganz nah und ganz weit weg vom Zentrum unseres Lebens. Wir haben uns anrühren lassen und sind umgekehrt. So wollen wir dem Licht in uns Raum schenken, und wir wollen Lichter entzünden mit unseren Bitten.

Fürbitten und Vaterunser

Du lebendiger Gott, deiner unendlichen Liebe vertrauen wir.
Du weckst unsere Sehnsucht und lockst zur Veränderung.
Du lebendiger Gott, deiner großen Barmherzigkeit vertrauen wir.
Du schenkst uns deine Gnade und machst uns Mut zu bitten:
Freie Fürbitten: jede und jeder entzündet mit der Fürbitte ein Licht
Mit all den ausgesprochenen Bitten und denen, die wir im Herzen tragen, wollen wir unser Gebet beenden, wie Jesus es uns gelehrt hat: Vater unser …

Segenslied

EH 60 »Herr, wir bitten: Komm und segne uns«

MARTINA KLEISZ

Ich warte

. . . .

Instrumentalmusik oder Lied

EH 251 »Menschen auf dem Weg durch die dunkle Nacht«

Kreuzzeichen und Begrüßung

Währenddessen Handyläuten (bei einem Teilnehmer). Genervte, vielleicht sogar zornige Reaktion des Leiters!

Leiter: Also wirklich! Und das in der Früh-/Spätschicht! Das muss ja wirklich nicht sein! Mach bitte dein Handy aus.

Diejenige/derjenige zeigt sich davon unbeeindruckt und geht trotzdem ans Handy:

Sprecher/in: Hey! Hab ja schon lange nichts mehr von dir gehört. Du, im Moment ist es ungünstig. Ich bin gerade im Gottesdienst. Die Leute schauen schon ganz seltsam. Ob ich dir eine SMS geschickt habe? Nein! Was steht drin? Ich warte! – mehr nicht? Kein Absender? Keine Ahnung, wer auf dich wartet. Vielleicht meldet er oder sie sich ja noch einmal!

Handy ertönt wieder mit einem SMS-Ton. Sie/Er schaut wieder auf sein Handy

Sprecher/in: Oh super, eine SMS. Mal sehen, wer mir schreibt. Ich warte! Was soll das denn? Will mich da jemand auf den Arm nehmen? Und dann kein Absender! Da hat wohl jemand meine Nummer einfach weitergegeben. Oder habe ich jemanden vergessen? Vielleicht einen Geburtstag? Mal überlegen.

Sie/Er schaut noch einmal auf sein Handy

Sprecher/in: Schon wieder eine SMS! Was soll das denn? Ich warte!!! Diesmal auch noch mit drei Ausrufezeichen! Und wer wartet? Kein Absender! Ich hab wohl ein Date verpasst. Ob da jemand sauer auf mich ist? Oder enttäuscht, weil ich mich schon lange nicht mehr gemeldet habe? *Ich warte!* – Worauf warten wir eigentlich?

SMS-Aktion

Es wird ein Transparent mit einer Handynummer gezeigt (am besten die der Leiterin/des Leiters), an die man eine SMS schicken kann. Ausnahmeweise dürfen jetzt alle ihr Handy einschalten und sich in der Kirche einen ruhigen Platz zum SMS-Schreiben suchen. Meditative Musik.

Leiter: Ich lade jeden von euch ein, sich in einem ruhigen Moment einmal Gedanken zu machen: worauf wartest du in diesem Advent? Was erwartest du, wonach sehnst du dich?

Schreibt dann eine SMS an die angegebene Nummer, die folgendermaßen beginnt: Ich warte … Beispiele, falls notwendig: auf Ferien, auf Schnee, auf Geschenke, aufs Wochenende, auf einen neuen Kinofilm etc. Oder auf Tiefergehendes, zum Beispiel: auf ein gutes Klima in der Schule und zu Hause; darauf, dass ich mich mit meiner Freundin versöhne; dass zu Weihnachten einmal kein Streit herrscht in der Familie …

Die Leiterin/der Leiter sammelt die SMS auf dem Handy, um sie vorzulesen. Eventuell können die Antworten über ein Smartphone auch kopiert und an einen Rechner weitergeleitet werden, sodass sie per Beamer projiziert werden können. Alternativ kann man die SMS einfach vorlesen oder sie auch schnell abtippen.

Meditation I

Warten auf …
Warten auf das Fest …
Warten auf die Geschenke …
Warten auf die Weihnachtsgeschichte …
Warten auf die Familienidylle …

Können wir eigentlich noch warten?
Wir warten auf den Bus oder den Zug,
warten auf den Feierabend,
warten auf den Kinofilm,
warten auf die Kinder, den Ehemann, die Ehefrau,
warten an der Kasse,
warten auf das Geld auf dem Konto,
warten auf Besserung,
warten darauf, dass jemand sein Versprechen erfüllt,
warten auf den lang ersehnten Brief, das Telefonat, die SMS.

Können wir eigentlich noch warten?
Ist warten nicht Zeitverschwendung, verlorene Zeit?
Heißt warten nicht, dass der eigentliche Zeitpunkt erst noch kommt?
Heißt warten nicht, dass das Eigentliche erst noch kommt?
Warten heißt, es vergeht noch Zeit, aber dann …

Warten heißt doch: Es könnte wirklich auch schneller gehen!
Lohnt es sich noch zu warten, oder soll ich gehen?
Warten heißt, es kommt noch etwas!
Lohnt es sich auf das zu warten, was da kommt?
Hätte ich nicht gerade Besseres zu tun, als zu warten?

Stillstand – Abwarten – Ausharren – Durchhalten – Dranbleiben – Hoffen – Bangen – Sehnsucht – Verlangen – Zweifeln – Ausschauhalten

Kurze Stille

Schriftwort

Mt 11,23

Lied

EH 252 »Wir erwarten einen neuen Himmel«

Meditation II

Auf was warten wir eigentlich?
Auf wen warten wir eigentlich?
Nicht einfach nur warten,
sondern erwarten!
Nicht irgendetwas erwarten,
sondern IHN erwarten,
Jesus erwarten!

Jesus erwarten,
das heißt, die Zeit zu nutzen;
das heißt, bereit zu sein;
das heißt, Gelegenheiten zu suchen;
das heißt, entschieden zu leben;

das heißt, zu investieren und nicht zu vergraben;
das heißt, wachsam zu sein;
das heißt, vorbereitet zu sein.
Vielleicht wartet ER ja schon auf uns?

Lied

EH 185 »Wait for the lord«

Vaterunser

Segen

In dieser Zeit des Wartens segne uns der Gott,
der schon längst auf uns wartet:
Der Vater, der Sohn und der Heilige Geist.

STEFAN FISCHER

Aufmerksam werden

. . . .

Vorbereitung

Geschichte von Willi (siehe unten), violette Tücher, Tannengrün, Dekomaterial (z. B. Sterne), 4 Kerzen, Streichhölzer

Begrüßung

Euch einen guten Morgen (Abend)! Beginnen wir ihn im Namen des Vaters und des Sohnes und des Heiligen Geistes.

Impuls

Warten – Erwarten, so kann man den Advent auch überschreiben. Doch wie und auf was warten wir? Es passiert doch eigentlich gar nichts Neues. In jedem Jahr das gleiche Geschehen. Wenn ich doch schon weiß, was kommt, dann wird es langweilig, dann lässt meine Aufmerksamkeit nach. Kann ich die zurückbekommen?

Gebet

Guter Gott,
so früh/heute Abend sind wir zusammengekommen, um dir eine halbe Stunde unserer Zeit zu schenken. So viele Gedanken und Wünsche kommen uns vor Weihnachten in den Sinn, doch welche sind wesentlich?
Wir wollen warten und aufmerksam werden, um deine Ankunft nicht zu verpassen.

Lied

EH 20 »Schweige und höre«

Impuls

Die Ankunft des Herrn nicht verpassen, ihn erwarten, das klingt doch ganz einfach. Ihr wartet ja auch auf einen Freund oder die Lehrerin und wisst, was warten bedeutet. Doch wie ist es, wenn man nicht genau weiß, wann jemand ankommt oder wie er aussieht? Hören wir aus einer etwas anderen Weihnachtsgeschichte, was passieren könnte.

In dieser Geschichte verwandelt sich Gott in den Obdachlosen Erwin. »In der Fußgängerzone herrscht Hochbetrieb. Der Heilige Abend rückt immer näher, und die mit übergroßen Plastiktüten beladenen Passanten eilen hektisch von einem Geschäft zum anderen. Ihr Jagdfieber macht sie blind für alles andere: für den einsetzenden Regen ebenso wie für den Mann mit den wirren Haaren, der mitten im Getümmel steht. Mehrere Male wird Gott angerempelt, einmal fällt Er sogar hin, und Erwins Schlafsack landet in einer Pfütze. Niemand bleibt stehen. Dann schließen die Geschäfte, und die Straße ist schlagartig wie leergefegt. Nur Gott steht noch immer an derselben Stelle. Einsam, hungrig und desillusioniert. Ich wollte doch nur mit ihnen reden, denkt Er traurig. Über das, was da in der Zeitung steht...

Plötzlich hört er eine Männerstimme hinter sich: »Erwin?!« Gott dreht sich um und steht vor einem dicken Mann, der ihn fröhlich anstrahlt. »Kennst du mich nicht mehr? Mensch, ich bin's, der Willi!« Willi haut ihm mit solcher Wucht seine Pranke auf die Schulter, dass Er beinahe in die Knie geht. »Erwin, alter Schwede! Wie lang ist das jetzt her ... Aber sag mal, was stehst du denn hier so gottverlassen auf der Straße rum?« Schon packt Willi ihn am Handgelenk und zieht ihn mit sich, »zu Rita«, weil man sich doch so viel zu erzählen habe. »Das ist ja nicht zu fassen, dass ich dich hier treffe! Den Erwin! Wo ich doch mit meiner Alten neulich noch über dich geredet hab!« Willi knufft Gott scherzhaft in die Seite und lacht dabei herzlich. Die ganze Zeit über spricht er davon, wie toll es doch sei, dass sie sich ausgerechnet hier über den Weg gelaufen sind, und das nach all den Jahren. Die Welt ist eben doch klein, da sehe man's mal wieder.

In der Kneipe ist es warm, Gott wird auf einen Stuhl platziert, und ehe er sich's versieht, steht ein großes Glas Bier vor ihm.

Und Willi redet und redet. Wie die beiden doch in der Schule schon unzertrennlich waren und dass Erwin ihn ja damals gegen den Dicken aus der Oberklasse verteidigt hat – »weißte noch?« – und über die heimlichen Zigaretten und wie sie einmal das Fräulein Wirsch beim Umziehen beobachtet haben, und und und. [...] Gott sagt nicht viel, aber er fühlt sich wohl. Und Willi fragt nicht. Er sieht ja, wie es dem Erwin geht ...

Willi winkt zur Theke hinüber und ruft so laut, dass die ganze Kneipe es hören kann: »Rita, noch eins für meinen alten Kumpel!« Und als Gott abwinkt, beugt Willi sich zu ihm und sagt: »Mensch, ich lad dich doch ein. An so 'nem Abend!« Da gibt Er sich geschlagen und trinkt mit Erwins Schulfreund ein weiteres Bier auf die alten Zeiten, auch wenn Er von ihnen keinen blassen Schimmer hat. (...) Gott lehnt sich zurück und lauscht Willis Worten. Der erzählt gerade von seiner Frau und den drei Söhnen. Da fällt ihm plötzlich ein, dass er ihr hoch und heilig versprochen hat, heute Abend früher nach Hause zu kommen, und verdammt, jetzt ist es schon nach zehn ... Sie schütteln sich zum Abschied die Hände: »Mensch, Erwin!«, »Mensch, Willi!«, dann verlässt Willi die Kneipe. Nicht ohne vorher noch einmal zu betonen, dass Rita ja alles auf seinen Deckel schreiben soll. Gott dankt ihm im Stillen und macht, dass Willis Frau nicht sauer ist. Und eine Gehaltserhöhung soll er auch kriegen – Willi, mein Freund!

(JASNA MITTLER)

Stille

Lied

EH 160 »Wo ein Mensch Vertrauen gibt«

Gestaltungselement

Wie hat es denn der Willi gemacht? Er hat sich Zeit genommen.
Wir nehmen uns auch Zeit – den Advent.
Wie beginnt der denn? Wie ist das Gefühl zu Anfang?

Ungeduld

Könnt ihr euch noch erinnern, wie es war, als ihr klein wart?
Antworten der Jugendlichen abwarten
Da gab es vielleicht einen Adventskalender und die Wartezeit begann. Dann habt ihr sie gefühlt, die Ungeduld. Wann ist es endlich soweit, wann ist Weihnachten?
Heute seid ihr vielleicht nicht mehr so ungeduldig, weil ihr ja wisst, wie schnell die Zeit vergeht. Aber eine Zeit des Wartens ist es trotzdem.

Als Zeichen dafür legen wir die violetten Tücher in die Mitte.
Jugendliche legen die violetten Tücher in die Mitte

Sehnsucht

Aus der Ungeduld wird ein Sehnen. Jetzt muss der, auf den ich warte, doch endlich kommen. Das wird vielleicht bald sein und ich beginne mit den Vorbereitungen. Mache alles schön für seine Ankunft.
Jugendliche legen Tannengrün und Dekomaterial in die Mitte

Hoffnung

Meine Hoffnung ist groß. Er wird kommen. Schon bald.
Jugendliche entzünden Kerzen (Zahl je nach Adventswoche)

Lied

EH 273 »Meine Hoffnung und meine Freude«

Gebet

Guter Gott,
alles in mir sehnt sich nach dir, hoffentlich kommst du bald.
Ich warte auf dich. Lass mich im Alltag aufmerksam bleiben, dass ich deine Ankunft nicht verpasse, egal, wann und wie du dich zeigst.
Ich will mir dafür Zeit nehmen.
Mit dieser Aufmerksamkeit wollen wir in den Tag gehen/wollen wir im Advent bleiben. Dazu bitten wir um Gottes Segen.

Segen

Es segne uns und alle, die wir lieb haben und an die wir jetzt denken, der gütige Gott:
Der Vater und der Sohn und der Heilige Geist.

BEATE GREUL

Weitere Gottesdienste im Advent

Sternstunden

Hochfest der Gottesmutter Maria am 8. Dezember

Gestaltungselement für Kinder

Wir warten auf das Weihnachtsfest. Das Fest, an dem wir feiern, dass Jesus geboren ist. Das Fest ist wie eine Sternstunde für uns Menschen.
Weißt du, was eine Sternstunde ist? *(Kinderantworten erbitten!)*
Eine ganz besondere Stunde, in der etwas Außergewöhnliches passiert; etwas, das uns ganz glücklich macht. Ein Glücksmoment, der wie eine Sternschnuppe am Himmel kurz, aber wunderschön aufleuchtet.
Die Geburt eines Kindes ist so eine Sternstunde, frag mal nachher deine Eltern, wie das bei deiner Geburt war. Wir haben uns hier getroffen, um eine Sternstunde der Gottesmutter Maria miteinander zu feiern.
Im Evangelium hören wir von einer Sternstunde, die Maria erlebt hat:
Maria war eine junge Frau, sie war vielleicht 16 Jahre alt. Wie viele andere Frauen geht sie jeden Morgen zum Brunnen in der Stadt. Sie trägt einen Krug auf ihrem Kopf. Damit will sie Wasser holen zum Kochen, Waschen, zum Putzen, für den Garten.
Es ist schön, am Brunnen andere Frauen zu treffen, sich auszuruhen, neue Geschichten zu hören. Die Frauen ruhen sich eine Weile am Brunnen aus und reden ein bisschen miteinander. Mit frohem Herzen trägt Maria ihren vollen Wasserkrug nach Hause. Vieles gibt es heute noch zu tun: Körner mahlen, Brot backen und, wenn Zeit bleibt, Schafwolle zu Garn spinnen. Dabei kann man ein bisschen träumen. Maria träumt gerne von ihrem Verlobten, von Josef. Josef ist Zimmermann. Sie wollen bald heiraten, denn sie haben sich sehr lieb.
Maria ist zu Hause. Es ist ganz still. Da wird es plötzlich ganz hell. Ein Engel steht bei Maria im Zimmer und spricht zu ihr: »Gegrüßt seist du, Maria, voll der Gnade, der Herr ist mit dir!«
Maria erschrickt. Was soll das alles bedeuten?
»Fürchte dich nicht«, sagt der Engel, »ich komme von Gott. Gott lässt dir sagen, dass er dich sehr lieb hat. Du wirst bald ein Kind bekommen. Du wirst einen Sohn zur Welt bringen, den sollst du Jesus nennen. Bist du dazu bereit?«
Maria ist voller Staunen. Freude erfüllt ihr Herz. Ja, sie will Mutter werden und sie spricht: »Ja, ich bin bereit, es soll geschehen, wie du es gesagt hast.«

Eine auf dem Altar liegende Wunderkerze wird an der Altarkerze entzündet.

Evangelium
Lk 1,26–38

Lied
GL 581,1+3–5 »Ave Maria klare«

Erschließung
Hast du gesehen, dass Maria gerade eine Sternstunde erlebt hat? Als der Engel sie gefragt hat, ob sie die Mutter von Gottes Sohn werden möchte, hat sie Ja gesagt.

Der Advent ist die Zeit, in der sich die Erde für den Himmel bereitet. Die Zeit, in der wir uns ganz besonders nach Sternstunden sehnen.

Sternstunden kann man nicht machen oder kaufen. Sie kommen immer als Geschenk des Himmels zu uns. Sternstunden können sein:

- Eine Begegnung, bei der ein Funke der Liebe sichtbar wird
- Ein Erkenntnisblitz
- Die Geburt eines Kindes
- Ein glücklicher Augenblick
- Wenn wir uns wie im Himmel fühlen

Sternstunden sind kurz und selten, wie das Aufblinken von Sternschnuppen. Aber die Erinnerung hält immer und gibt uns die Kraft, manches Dunkel zu ertragen. Wir wollen heute und in dieser Woche genau darauf achten, wo unter uns Sternstunden möglich sind.

Fürbitten
❍ Jesus, du bist unser guter Stern und willst zu uns auf die Erde kommen. Hilf, dass wir Menschen dein Sternenlicht aufblitzen sehen.

❍ Jesus, du bist der Freund aller Menschen. Hilf uns Menschen, deine Freundschaft und Liebe anzunehmen.

❍ Jesus, wir bitten dich für alle, die Verantwortung tragen in dieser Welt, Politiker, Lehrer, Eltern, für jeden Menschen und auch für uns selbst: Hilf allen, dass sie durch ihr Tun Licht in die Welt bringen.

CARMEN GREMMELSPACHER

Vertrauen einüben

Bußfeier im Advent

Einführung

Der Advent hat viele Aspekte. Einer heißt: warten müssen und warten können – auf ein Kind, auf Gott. Ein anderer lautet: sich überraschen lassen und überrascht werden – von einem Kind, von Gott. Ein weiterer Aspekt heißt: Kleines wird groß und Großes wird klein – ein Kind, Gott selbst. Der Advent hat viele Aspekte. Heute wollen wir einen weiteren Aspekt in die Mitte stellen: Vertrauen – Vertrauen in das kleine Kind, Vertrauen in den großen Gott.

Schrifttext

Lk 1,26–38

Verkündigung

In der Bibel ist dieser Text mit »Die Verheißung der Geburt Jesu« überschrieben. Aber mal ehrlich: Sieht so eine Verheißung aus? Es ist doch eher eine Zumutung, was der Engel da für Maria an Zukunftsbotschaft bereit hält. Vielleicht später, nach einiger Zeit, kann Maria die Verheißung sehen, aber zunächst ist die Engelskunde eine Zumutung. Da wird von Maria ganz schön viel verlangt.

Doch so ist das Leben oft. Es konfrontiert uns mit Zumutungen, es verlangt einem mehr ab, als man Kraft hat. Manchmal kommt man sogar in Situationen, die man glaubt, nicht überleben zu können, eine solch große Zumutung stellen sie dar. Und dann ist man erstaunt, was man alles bewältigen kann, wie einem manchmal ungeahnte Kräfte zuwachsen.

In solchen Situationen ist es wirklich viel verlangt, Vertrauen zu haben, zuversichtlich zu bleiben und glauben zu können, dass alles gut werden wird.

Auch von Josef wird viel verlangt. Zunächst verweigert er sich ja auch und will sich von Maria trennen. Doch irgendetwas, vielleicht ein Engel, bewegt ihn, Vertrauen zu üben und Vertrauen wachsen zu lassen. Er kann dem kleinen Kind und dem großen Gott vertrauen.

Vertrauen ist eine große Tugend. Doch wie schnell schleichen sich Zweifel und Misstrauen ein, wo Vertrauen gefragt ist. Das Vertrauen zum Beispiel, dass die eigenen Kinder oder Enkel sich gut entwickeln werden und dass etwas aus ihnen werden wird, auch wenn es im Moment noch nicht ganz danach aussieht. Oder das Vertrauen, dass der Partner eine Aufgabe auf seine Weise löst und dass auch diese Weise gut und richtig ist. Das Vertrauen, dass ich selbst etwas bewältigen und sogar sehr gut machen kann. Vertrauen ist praktisch immer von uns gefragt: In Alltagssituationen, wenn wir uns ins Auto setzen; in schwierigen Situationen, wenn es ganz anders kommt als geplant; und vor allem im Zusammenleben mit anderen. Auch gegenüber uns selber. Deshalb wollen wir dem Vertrauen nachspüren und uns ins Vertrauen einüben.

Dabei sagt uns die biblische Geschichte noch etwas sehr Wichtiges: Gott vertraut uns. Er vertraut seinen Sohn Maria an. Er vertraut ihr, dass sie das schafft. Gott vertraut seinen Sohn Josef an. Er vertraut ihm, dass er den Weg vom Misstrauen zum Vertrauen findet. Er vertraut uns, dass er seinen Sohn in unsere Welt bringt. Gott vertraut sich uns an. Wenn Gott uns vertrauen kann, dann vermögen wir es auch.

Besinnung

Vertrauen in mich selbst

- Wie steht es mit meinem Selbstvertrauen: Ist es in Balance oder schwanke ich zwischen Überheblichkeit und Minderwertigkeitsgefühlen?
- Vertraue ich in meine Fähigkeiten?
- Vertraue ich meiner Intuition?

Was hilft mir, Vertrauen in mich zu entwickeln?

Vertrauen in andere

- Habe ich Vertrauen in die Menschen, die mir nahe sind?
- Traue ich ihnen etwas zu?
- Vertraue ich auf ihre eigenen Kräfte oder bin ich in der Gefahr, das Leben für sie zu übernehmen und zu regeln?

Was hilft mir, anderen zu vertrauen?

Vertrauen in das Leben

- Habe ich Vertrauen in das Leben?
- Vertraue ich darauf, dass mir Gutes geschieht oder fühle ich mich immer benachteiligt, vom Glück verlassen?
- Schiele ich auf andere, denen es immer besser geht als mir?

Was hilft mir, Vertrauen ins Leben zu haben?

Vertrauen in Gott

- Habe ich Vertrauen in Gott?
- Traue ich ihm zu, dass er mir immer wieder einen Weg zeigt oder fühle ich mich von Gott verlassen?
- Traue ich Gott zu, dass er meine Wunden heilen kann?

Was brauche ich, um Gott vertrauen zu können?

Bekenntnis

Gott, wir wissen, dass Vertrauen wichtig ist.
Oft gelingt es uns auch, einander zu vertrauen, uns selbst zu vertrauen, dir zu vertrauen.
Manchmal gelingt es uns nicht.
Zweifel und Misstrauen schleichen sich ein.
Wir binden Vertrauen an Bedingungen.
Wir vertrauen nur uns selbst und sonst keinem.
Wir vertrauen uns selber auch nicht.

V./A.: Herr, wir bekennen unsere Schuld.

Gott, wir wissen, dass Vertrauen uns im Leben schon oft geholfen hat.
Häufig gelingt es uns auch, einander zu vertrauen, uns selbst zu vertrauen, dir zu vertrauen.
Manchmal gelingt es uns nicht.
Zweifel und Misstrauen schleichen sich ein.
Wir sehen nicht die Chancen, sondern nur die Risiken.
Wir sehen nur die Schwächen, nicht die Stärken.
Wir sehen nur die Nachteile, nicht die Vorteile.

V./A.: Herr, wir bekennen unsere Schuld.

Gott, wir wissen, dass Vertrauen unser Zusammenleben begründet. Oft gelingt es uns auch, einander zu vertrauen, uns selbst zu vertrauen, dir zu vertrauen.
Manchmal gelingt es uns nicht.
Zweifel und Misstrauen schleichen sich ein.
Wir wollen alles absichern und nichts offen lassen.
Wir verplanen uns und andere, um ja nicht vertrauen zu müssen.
Wir geizen mit Vertrauen und Zuversicht.

V./A.: Herr, wir bekennen unsere Schuld.

Vergebungsbitte

Gott, du schenkst uns dein Vertrauen.
Obwohl wir dir manchmal nicht vertrauen, vertraust du uns.
Obwohl wir manchmal einander nicht vertrauen, vertraust du uns.
Obwohl wir manchmal kein Selbstvertrauen haben, hast du Vertrauen in uns.

Wir bitten dich:
V./A.: Vergib uns unsere Schwächen.

V./A.: Vergib uns unser mangelndes Vertrauen.

V./A.: Vergib uns unsere Schuld.

V./A.: Stärke uns, anderen zu vergeben.

V./A.: Stärke uns, uns selber zu vergeben.

V./A.: Stärke unser Vertrauen.

Gott, dein Vertrauen ist riesig groß. Du vertraust uns trotz unserer Schwächen. Du vergibst uns trotz unserer Fehler. Du verzeihst uns, obwohl du weißt, dass wir wieder fehlen werden.
Dir können wir unsere Schuld anvertrauen, du kannst uns befreien aus unseren Zwängen. Du schenkst uns deine Freiheit, auch wenn wir immer

wieder mit unseren Grenzen kämpfen müssen. Hilf uns, in deinem großen Vertrauen zu leben. Hilf uns, dein großes Vertrauen weiterzugeben und anderen zu verzeihen, so wie du uns verzeihst. Darum bitten wir durch Christus, unseren Herrn.

CHRISTIANE BUNDSCHUH-SCHRAMM

Schulgottesdienste

Folge dem Stern

Schulgottesdienst für Mittel-/Oberstufe

Vorbereitung

Gold (Münzen, Schmuck), Weihrauch (Weihrauchfass oder –schale), Myrrhe (Tinktur oder Räucherwerk); 4 Sprechrollen

Impuls

»Über dir geht Gott auf – wie ein Stern – und sein Glanz erscheint in dir«, mit diesen Worten lädt der Prophet Jesaja zum Unterwegssein ins gesegnete Jerusalem ein. Diese Einladung gilt auch für das Unterwegssein durch den Advent, auf dem Weg nach Weihnachten.

Der Stern ist Zeichen des Himmlischen, des Unendlichen. Der Stern bringt Licht, gibt Orientierung in der Finsternis, dient als Leit- und Markierungszeichen auf dem Weg.

Von Sternen als Symbol ist in der Bibel sehr häufig die Rede. Sie verdichtet sich in der Erzählung von den Weisen aus dem Morgenland, den »Heiligen drei Königen«. Sie repräsentieren die Könige aller Völker und huldigen dem wahren König im Kind von Bethlehem. Als Weise aus dem Morgenland vertrauen sie sich der Führung Gottes und seines Sternes an. Ihre Gaben und Begabungen bringen sie in den Zeichen von Gold, Weihrauch und Myrrhe mit zum Kind im Stall. Sie machen dabei die überraschende Entdeckung: Was der Stern am Himmel bedeutet, erweist sich auf Erden als wahr – wenn auch anders, als sie sich das vorgestellt hatten.

Anspiel

Erster König kommt mit Gold, dazu spielt Musik

Sprecher 1: Gottes Augen blicken vom Himmel auf alle Menschen, seine Augen werfen den Himmel auf die Erde: Menschen bekommen Ansehen, sie fühlen, dass sie beachtet, gewollt und geliebt sind.

Sprecher 2: Gold ist ein chemisches Element. Es ist ein Edelmetall mit einer hohen Polierfähigkeit und verhältnismäßig weich und dehnbar. Fast allen chemischen Einflüssen gegenüber ist Gold unveränderlich. Verarbeitet wird Gold zu Münzen und Schmuckgegenständen, im Kunstgewerbe und in Zahnfüllungen.

Goldsuche war eine der Triebfedern der Entdeckungsreisen nach Amerika seit 1490. Goldvorkommen in Kalifornien, Alaska, Australien und Südafrika riefen im 19. Jahrhundert abenteuerliches Goldfieber hervor.

Sprecher 3: Gold – kostbares Element, dem Kind in der Krippe von Mächtigen dargebracht:
Einzigartig bist du, ein Original.
Wertvoll bist du, Kind, denn du bringst uns neues Leben und verkörperst die Zukunft.
Dir gebührt Respekt und Achtung und Ehre.
In Liebe wollen wir uns dir zuwenden, immer aufs Neue.

Sprecher 4: Gott,
du hast mich wunderbar erschaffen,
einmalig, einzigartig.
Kostbar und unersetzlich bin ich,
weil ich ein Bild bin von dir.
Gott,
du hast mich wunderbar erschaffen,
als ein Schatz,
der hinweist auf dich,
auf den Reichtum deiner Liebe,
auf die Fülle des Lebens
und das Glück in dir.

Zweiter König kommt mit Weihrauch, dazu spielt Musik

Sprecher 1: Sieh, was sich wunderbar entfaltet,
ohne Unterlass
und trotz alledem!

Sprecher 2: Das traditionelle Weihrauchland ist das Gebiet des Jemen und Oman im Süden der arabischen Halbinsel. Das getrocknete Harz, der Wundsaft des Weihrauchbaumes, wird erst nach dreimaligem Austreten geerntet. Das Olibanum-Harz hat eine große Symbolkraft in verschiedenen Religionen. Es ist das Zeichen der Offenbarung der Gottheit. Sein Duft verkörpert die Gottheit selbst.

Sprecher 3: Weihrauch ist das Zeichen der Sehnsucht nach himmlischem Leben in Freude, Liebe, Glück, Gesundheit;

nach Heimat und Freiheit,
nach sicheren Beziehungen,
nach Zugang und Verbindung zu Gott.
Weihrauch macht die Verbindung von Himmel und Erde sichtbar.
Wir wünschen dem Kind,
wir wünschen dem Jugendlichen,
wir wünschen allen Menschen,
sich nach ihren Möglichkeiten zu entfalten,
ohne Angst Gott entgegenzuwachsen
und das Göttliche im Alltag zu spüren.

Sprecher 4: Gepriesen bist du,
Herr unser Gott, Schöpfer der Welt.
Du schenkst uns das Harz der Bäume
und das Öl der Pflanzen,
damit ihr Duft den Menschen erfreue und ihn belebe.
Wie dieser Weihrauch aufsteigt,
so steige auch unser Beten vor dir auf,
denn dir gebührt Dank, Ehre und Lobpreis in Ewigkeit.

Dritter König kommt mit Myrrhe, dazu spielt Musik

Sprecher 1: Sternenhimmel,
himmelhoch,
hochgestimmt,
Stimmungstief,
tief betrübt,
trübe Sicht
auf den
Sternenhimmel,
himmelhoch …

Sprecher 2: Das Harz, das aus einem der Akazie ähnlichen Baum gewonnen wird, war damals sehr teuer. Heute bekommt man es in Apotheken und Esoterik-Läden als Tinktur oder in Harz-Klümpchen. Zur Zeit Jesu wurde die Myrrhe auch für die heilige Salbung verwendet. Für arabische Stämme war sie von großer ritueller Bedeutung. Der erdige Myrrhe-Duft wurde angewendet für einen gesunden Schlaf nach einem sorgenvollen Tag und zur Beruhigung von Kranken. Zusammen mit dem Weihrauch bilden sie das »Paar des göttlichen Wohlgeruchs«. Heute wird Myrrhe zur Heilung von Geschwüren, zur Mundpflege bei Entzündungen und zur Schmerzlinderung eingesetzt. Bei innerer Unruhe, bei Stress und nach Denk-Arbeiten hilft eine Myrrhe-Räucherung. Sie steht als Symbol der Linderung von Schmerz und Leid, der menschlichen Grenzen und Schwächen; sie steht für Mitleid, für Angst und Schuld und zur Förderung eines langen Lebens.

Sprecher 3: Was lindert Leid? Was heilt die Seele? Was gewähren wir dem anderen?

Wir schenken einander Geborgenheit und hoffen, dass sie uns kräftigt und stark macht.

Wir gehen achtsam mit dem Leib um und hoffen, dass wir gesund aufwachsen.

Wir legen Vertrauen in die Welt und in einander und hoffen, dass wir so auch Leidvolles zusammen tragen lernen.

Wir geben einander die Hoffnung, dass alles gut wird.

Sprecher 4: Gott,
schenke uns die Gesundheit des Leibes
mit dem nötigen Sinn dafür,
ihn möglichst gut zu erhalten.

Gebet

folge dem stern
und öffne herz und sinne für den weg
der dich durchs ungewisse leiten will
und dann sei bereit zum aufbruch
schritt für schritt

folge dem stern
und lass dich führen von deiner sehnsucht
und von der hoffnung
dass da noch mehr ist

folge dem stern
und wo er stehen bleibt
da verlangsame die betriebsamkeit

halte ein und halte aus
und vertraue der verheißung
dass gott auch dir begegnen will

im kind in der krippe
das sich nach dir ausstreckt
im menschen
der nach deinem blick sucht

folge dem stern
und dann richte dich aus
gestärkt
und geh in den alltag zurück
verwandelt

ANKE SCHMITZER

Wünsche

Schulgottesdienst Grundschule/Unterstufe

Impuls

Bald ist Weihnachten. Viele Kinder schreiben Wunschzettel. In einer Klasse haben wir die Wünsche der Kinder gesammelt.

Zwei Kinder lesen stellvertretend für die Klasse den langen Wunschzettel vor:

Ferngesteuertes Auto; nicht krank werden; nie sterben; kein Streit; keine Schläge; Carrera-Rennbahn; Freunde-Buch; Bob; Nintendo; Eltern; eine glückliche und gesunde Familie ohne Streit; Schlittschuhe; Einrad; Freude für die ganze Welt; geheimes Tagebuch; Puppe; keine Kriege und keine Katastrophen; Playstation; Lego-Zug; dass es nicht so laut ist.

Anspiel/Geschichte

Verschieden große Schachteln werden als Geschenk verpackt. Die Krippe mit Kind steht zentral vor dem Altar, ein großes Geschenk verdeckt es, die übrigen Geschenke werden dazugestellt, sodass die Krippe vor lauter Geschenken nicht zu sehen ist.

Zwei Lehrerinnen spielen und sprechen auswendig:

Lehrerin 1: So viele Wünsche ...

Lehrerin 2: Und so viele Päckchen!

Gehen zum Päckchenberg

Lehrerin 2 stöbert neugierig in den Päckchen herum, gibt Laute des Erstaunens von sich. Lehrerin 1 lässt sich langsam anstecken von 2, gemeinsam heben sie hoch, schauen an, horchen, schütteln vorsichtig, stellen voller Vorfreude Vermutungen an anhand des Wunschzettels:

Lehrerin 1: Das ist sicher ...

Lehrerin 2: Das könnte ...

Lehrerin 1: Bestimmt ist es das ...

Lehrerin 2: Oder das ...?

Lehrerin 1: Vom Gewicht her ...

So spielen beide eine Weile, immer wieder mit Blick auf den Wunschzettel, dabei räumen sie alle Päckchen beiseite, bis auf ein großes.

Lehrerin 1: Da ist sicher das Einrad drin!

Lehrerin 2: Hm, oder gibt es noch einen unerfüllten Wunsch?

Lehrerin 1 und 2 studieren gemeinsam den Wunschzettel, haken halblaut murmelnd ab. Dann schauen sich beide erschrocken an.

Lehrerin 1+2: Noch mehr Wünsche!

Nun lesen beide richtig vom Wunschzettel ab.

Lehrerin 1: Nicht krank werden, nie sterben!

Lehrerin 2: Kein Streit, keine Schläge!

Lehrerin 1: Eltern!

Lehrerin 2: Freude für die ganze Welt!

Lehrerin 1: Keinen Krieg und keine Katastrophen, keine Überschwemmung, kein Feuer!

Lehrerin 2: Eine glückliche Familie, die gesund ist!

Lehrerin 1: Dass es nicht so laut ist!

Lehrerin 2: Und nur noch ein Päckchen!

Lehrerin 1+2: (Im Chor) Das sind Wünsche, die nicht in Päckchen passen, die sich nicht mit Geld erfüllen lassen!

Beide tragen gemeinsam das große Paket weg

Lehrerin 1: Und jetzt?

Lehrerin 2: Nur noch die Krippe!

Lehrerin 1: Und noch so viele Wünsche sind offen! Was liegt in der Krippe für uns drin?

Lehrerin 2: Da ist das Kind drin.

Lehrerin 1: Ja, ich weiß, das Christkind.

Lehrerin 2: Christus, der Messias, der Retter.

Lehrerin 1: Ja, schon, aber die Wünsche?

Lehrerin 2: Das Kind selbst ist ein Geschenk. Lies mal:

Gibt ihr die Altarbibel, nachdem sie ein bisschen geblättert hat.

Lehrerin 1: *(Liest vor)* Gott liebt die Welt so sehr, dass er uns seinen Sohn schenkt. Johannes drei, Vers 16 ...

Lehrerin 2: Gott schenkt uns seinen Sohn. Und das Jesuskind wurde ein Mann.

Lehrerin 1: Ja, er hat Kranke geheilt und von Gott erzählt.

Lehrerin 2: Er hat die besucht, die niemand leiden konnte.

Lehrerin 1: Ja, sie sind auch wertvoll, nur die anderen merken es nicht.

Lehrerin 2: Jesus merkt es.

Lehrerin 1: Er sagte zu Gott »Papa«, so gut kannte er ihn.

Lehrerin 2: Er ist voller Gottesgeist, deshalb heißt er Gottessohn.

Lehrerin 1: Er ist voller Liebe, und die überlebt alles, sogar den Tod.

Lehrerin 2: *(Blickt auf Wunschzettel)* Schau mal: Nie sterben!

Lehrerin 1: Jesus ist gestorben, aber Gott hat ihn auferweckt, deshalb glaube ich: Die Liebe Gottes ist stärker als unser Tod.

Rundes Motiv aufhängen mit Kreuz und »im Leben und über den Tod hinaus« (siehe Seite 112)

Lehrerin 1+2 studieren wieder den Wunschzettel

Lehrerin 1: Ein Kind wünscht sich Eltern.

Lehrerin 2: Jesus liebt die Kinder, besonders die Einsamen, sie sind geborgen bei ihm!

Bild (links von Kreuz) aufhängen mit Herz und »geliebt« (siehe Seite 112)

Lehrerin 1: *(schaut nochmal auf den Wunschzettel)* Und da: Keinen Streit, keine Schläge, eine frohe und glückliche Familie, Freude und Frieden, das wünschen sich die Kinder bei uns!

Lehrerin 2: *(Holt das Kind aus der Krippe, schaut es an)* Durch dich, Jesus, ist die Liebe Gottes zu uns Menschen gekommen. Wenn sie uns erfüllt, ist Friede in unseren Herzen. Und von da aus kann er weitergehen, sodass mehr und mehr Friede wird. Ohne Schläge und Streit und ohne Kriegswaffen.

Lehrerin 1 übergibt das Kind an Lehrerin 2

Lehrerin 2: Und wir sind nicht allein, auch in schlimmen Zeiten sind wir begleitet von dir.

Bild (links von Herz) aufhängen mit Engel und »Begleitet und« (siehe Seite 112)

Lehrerin 1: *(Schaut auf Wunschzettel, liest halblaut)* Ja, begleitet. Auch in Krankheit, Katastrophen, Krieg. Alle Tage bis an das Ende der Welt ist er bei uns.

Ein Kind wünscht sich noch, dass es nicht so laut ist!

Lehrerin 1+2 legen das Kind mit »leisen« Gesten in die Krippe

Sanfte Orgelmusik

Zum Beispiel Liedmelodie »Still, still, weil's Kindlein schlafen will«

Am Ende des Gottesdienstes bekommen die Kinder das unten abgebildete Buchzeichen mit dem Bibelzitat und den Motiven der im Altarraum großformatig hängenden Bilder. (Skizze siehe Seite 112)

Gebet

Guter Gott, es ist Advent.
Morgens wird es spät hell und abends früh dunkel.
Ich sehne mich nach Licht und Wärme.
Ich möchte mich öffnen.
Ich möchte meine Ohren öffnen für deine guten Worte.
Ich möchte meine Augen öffnen für das Schöne, das du mir jeden Tag schenkst.
Ich möchte mein Herz öffnen für dich
und für die Menschen, denen ich jeden Tag begegne.
Komm du zu mir und bleibe bei mir.

SUSANNE HEPP-KOTTMANN
(und die Fachschaft Religion der Teckschule Wernau: Bruni Alber, Martina Kleinhansl, Silke Sailer-Rilling, Sabine Waldmann)

Skizze zu »Wünsche«

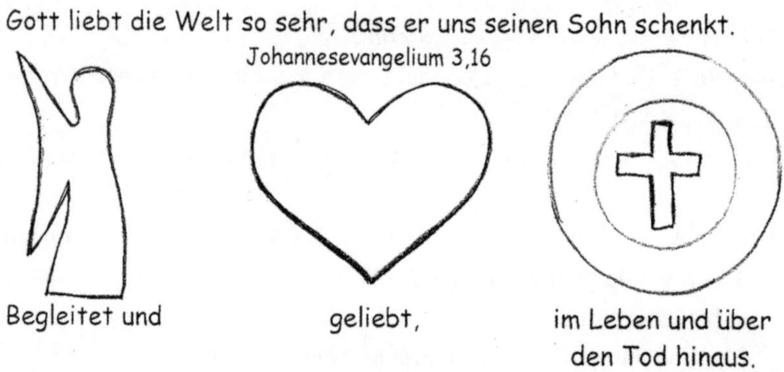

Heiliger Abend und Weihnachtsfest

Ein Licht geht uns auf in der Dunkelheit
Krippenfeier

Vorbereitung
Rollen: *Kind, Mutter, Erzähler, israelitisches Kind, Vater, zwei römische Soldaten, römischer Bote, Frau oder Mann, Josef und Maria, drei Hirten, Wirt, Engel (stehen weniger als 16 Personen zur Verfügung, können einige Rollen auch von einer Person gespielt werden, da nicht alle Personen gleichzeitig auftreten, z. B. Wirt, Soldaten, Hirten, Engel, Maria und Josef).*

Lied
DsL 212 »Ein Licht geht uns auf in der Dunkelheit«

Eingangsgebet
Guter Gott, überall auf der Welt versammeln sich heute Abend Menschen, kleine und große, um das Wunder der Geburt Jesu, deines Sohnes, zu feiern. Jesus kam im Dunkel der Nacht auf die Welt, damit wir von Anfang an sehen: Er ist das Licht der Welt. Mit ihm beginnt das Reich Gottes.
Er bringt die Botschaft deiner Liebe zu uns.
Seit biblischer Zeit haben unzählbar viele Menschen auf dein Wort gehört.
Sie waren überrascht und erfreut.
Öffne auch unser Herz für dein Wort, das die Engel uns verkünden:
Friede den Menschen auf Erden.

Verkündigung
»Jetzt geht mir ein Licht auf!« Wie oft verwenden wir diesen Satz. Jetzt sehe ich klarer, jetzt begreife ich, soll dieser Satz heißen. In unserem Krippenspiel geht den Kindern, dem Kind heute und dem Kind aus der Zeit Jesu, ein Licht auf. Der König im Stall! Das haben sie nicht erwartet. Wir haben uns daran gewöhnt. Klar, Jesus kam in einem Stall zur Welt. Weit weg von zu Hause. Wo ist das Problem? Es wird erst zu einer abenteuerlichen Geschichte, wenn wir wissen, was die Menschen damals erwartet und erhofft hatten. Nämlich etwas Großes, Unglaubliches, einen Kämpfer, einen Befreier, die ganze sichtbare Macht Gottes. Es kam aber kein König im Schloss zur Welt, kein reicher, mächtiger Fürst. Das ganze »Programm«

aber, das Gott mit Jesus begann, war in dieser ersten Nacht schon da. »Ehre sei Gott und den Menschen Frieden auf Erden.« Ein Fürst kommt, ein König des Friedens. Und die Worte: »Der Friede sei mit euch« sind die ersten Worte, die der Auferstandene an Ostern seinen Jüngern sagt. Gerade weil er den wahren Frieden bringt, kann er nicht reich, nicht mächtig sein. Denn in der Macht liegt immer auch die Möglichkeit, einen anderen zu unterdrücken. Und ein reicher Mensch hat vielleicht nur mit sehr viel Mühe einen Blick für die Not der Armen.

Und so handelt Gott völlig unerwartet. Sein Sohn, heimatlos und ausgegrenzt, kommt an einem einfachen Ort zwischen Tieren zur Welt. Aber gerade diese Situation ist ergreifend. Wie die Hirten und die Engel, so sind die Tiere die Ersten, die dieses Wunder miterleben. Die ganze Schöpfung nimmt Teil an der Geburt des Menschensohnes. Die Zeugen dieser Geburt haben das Ereignis nie vergessen. Und auch in dieser Geschichte der Bibel zeigt sich: Gott beginnt klein mit uns Menschen. Das ganze Reich Gottes, von dem Jesus erzählt, ist zu Beginn so klein wie ein Senfkorn. Im Kleinen finden wir das Große.

Das fällt uns heute nicht leicht. Unsere Wünsche sind hier in unserem Land oft sehr groß. Und die Gefahr, unsere Gebete wie einen Wunschzettel für Gott zu verstehen, ist immer da. Die Menschen damals hatten die Geburt ihres Messias bestimmt nicht so auf ihrem Wunschzettel. So können auch die unerwarteten Geschenke heute Abend, die ihr nicht auf euren Wunschzettel geschrieben habt, die schönsten sein. Daher vertrauen wir darauf, dass Gott uns immer wieder überrascht. Das ist die Botschaft der Heiligen Nacht: Vertrauen wir auf Gott! Lassen wir uns von ihm immer wieder überraschen!

Krippenspiel

Kind: Wie lange dauert es denn noch? Ich warte nun schon ewig.

Mutter: Ein wenig musst du dich noch gedulden. Bald, wenn es dunkel wird, ist es soweit. Dann beginnt die Bescherung.

Kind: Ich halte es aber nicht mehr länger aus. Diese Warterei. Den ganzen Advent habe ich schon gewartet.

Mutter: Du musst dich nur noch ein wenig gedulden und dann weißt du: Jetzt ist Weihnachten. Aber die Menschen zur Zeit Jesu haben gewartet, ohne zu wissen, wann der Retter kommt. Sie hatten nur das Versprechen von Gott, dass er sie nicht alleine lässt. Er hat versprochen: Der Messias, der Retter kommt. Mehr nicht. Die Menschen warteten, achteten auf Zeichen und so verging die Zeit, ohne dass etwas passierte.

Kind: Ich glaube, die Leute haben die Hoffnung bestimmt aufgegeben. Ich hätte es getan. Erzähl mir doch, wie es damals war.

Mutter: Gern, damals …

Mutter und Kind gehen ab. Der Erzähler tritt auf

Erzähler: Damals, in Israel, warteten die Menschen verzweifelt auf den Messias. Das Land war von den Römern besetzt. Das Leben war schwer für die Menschen. Es herrschte große Armut, und immer wieder beteten die Menschen zu Gott: Schicke uns deinen Messias, unseren Retter.

Israelitisches Kind und Vater treten auf

Israelitisches Kind: Vater, wann kommt denn der Messias? Gott hat es uns doch versprochen.

Vater: Er kommt bestimmt bald. Gott lässt uns nicht allein.

Israelitisches Kind: Ich weiß schon, wie der Messias aussehen wird. Er wird groß und stark und mächtig sein. Ein gewaltiger König. Er jagt den Römern ungeheure Angst ein und vertreibt sie aus unserem Land.

Vater: Mein Kind, Gott ist immer wieder für Überraschungen gut. Wir müssen ihm nur vertrauen.

Erzähler: Für die Römer war diese Hoffnung ein Ärgernis.

Römische Soldaten treten auf

Soldat 1: Meine Güte, das Gejammer der Leute geht mir auf die Nerven. Messias, König, Retter. Wovor soll denn der retten? Wovor die Menschen beschützen? Vor uns etwa? Wir sind die beste Armee der Welt. Die Stärksten und die Mächtigsten!

Soldat 2: Genau! Glauben die etwa, so ein großer König, der fällt uns nicht auf? Gegen den wären wir machtlos? Das ist doch ein Witz!

Römer gehen ab

Erzähler: Aber auch die Römer wurden Teil des Heilsplans Gottes: »In jenen Tagen«, so steht es in der Bibel, »erließ der Kaiser Augustus den Befehl, alle Bewohner des Reiches in Steuerlisten einzutragen. Dies geschah zum ersten Mal; damals war Quirinius Statthalter von Syrien.« Sehen wir, was damals geschah.

Römischer Bote: *(Menschengruppe hört zu)* Alles herhören! Der Kaiser hat befohlen, dass sich alle Bewohner in Steuerlisten eintragen müssen.

Frau oder Mann: Wozu? Was soll das?

Römischer Bote: Alle sollen sich in die Steuerlisten eintragen. Jeder in der Stadt, aus der seine Familie stammt. Das ist kaiserlicher Befehl.

Menschengruppe: murmelt ärgerlich – zerstreut sich

Josef *(hat zugehört)*: Oje, das wird schwierig. Maria, meine Frau, ist hochschwanger. Das Kind soll bald kommen. Und nun sollen wir uns auf diese weite Reise machen. Meine Familie stammt aus Betlehem. Das ist von Nazareth viele Tagesreisen entfernt. Arme Maria. Ich werde es ihr sagen müssen.

Josef geht zu Maria, die im Hintergrund beschäftigt ist.

Josef: Maria, der Kaiser hat einen Befehl erlassen. Jeder muss sich in eine Steuerliste eintragen. Dazu müssen wir nach Betlehem. Der Weg ist so weit.

Maria: Wir reisen nicht allein, Josef. Gott ist bei uns. Er wird uns zur Seite stehen. Machen wir uns auf den Weg.

Maria und Josef machen sich auf die Reise

Erzähler: Der Weg von Nazareth nach Bethlehem war lang und beschwerlich. Immer wieder mussten die beiden anhalten und sich ausruhen. Währenddessen waren Hirten auf dem Feld.

Hirten sehen Maria und Josef in der Ferne

Hirte 1: Was denkst du? Wird das wieder eine kalte Nacht? Meine Güte, bei dieser Kälte ist es gut, ein Dach über dem Kopf zu haben.

Hirte 2: Schau, dort hinten laufen diese armen Menschen. Wahrscheinlich wieder ein paar, die dem kaiserlichen Befehl folgen mussten. Der mit seinen Steuerlisten. Der presst noch das letzte Geld aus uns heraus.

Hirte 3: Hoffentlich finden die Leute eine Unterkunft. Es ist schon sehr spät.

Erzähler: Maria und Josef kommen in Bethlehem an.

Maria: Josef, ist es noch weit? Ich kann nicht mehr. Ich muss mich setzen.

Josef: Warte hier, Maria. Ich frage nach einem Platz für die Nacht.

Eine Tür, dahinter ein verschlafener Wirt

Josef *(klopft)*: Aufmachen, bitte aufmachen!

Wirt: Was soll das? Was ist los?

Josef: Meine Frau erwartet ein Kind und wir sind schon so weit gelaufen. Hast du einen Platz zum Schlafen für uns? Meine Frau ist so müde.

Wirt: Tut mir leid. Ich kann dir nicht helfen. Du weißt ja – der kaiserliche Befehl. So viele Leute sind unterwegs. Und alle suchen einen Platz zum Schlafen. Viele waren vor euch da. Ihr werdet kaum einen Platz finden.

Josef geht zurück zu Maria

Josef: Maria, es ist kein Platz da. Alles ist belegt.

Israelitisches Kind: *(aufgeregt)* Ich habe gehört, dass ihr noch einen Platz für die Nacht sucht! Kommt mit! Mein Vater hat einen Stall. Er liegt draußen auf dem Feld. *(Kind zeigt zum Stall und gibt Josef eine Laterne)* Geht dort hin. Im Stall ist es warm. Viel Glück und Gottes Segen für das Kind.

Kind geht ab

Maria:*(lächelnd)* Gottes Segen für das Kind. Das hat das Kind schön gesagt. Unser Kind ist Gottes Segen für uns Menschen. Lass uns gehen.

Maria und Josef gehen zum Stall im hinteren Teil der Bühne

Erzähler: Weit draußen auf dem Feld lagerten Hirten und hielten Nachtwache.

Hirte 1: Heute ist eine seltsame Nacht. Es ist so ruhig, und doch liegt etwas in der Luft. Etwas Ungewöhnliches.

Hirte 2: Was meinst du?

Hirte 1: Ich kann es nicht erklären, gerade so, als wenn etwas Außergewöhnliches passieren würde.

Hirte 2: So ein Unsinn. Pass auf die Tiere auf. Und –

Erzähler: In diesem Moment trat der Engel des Herrn vor die Hirten und der Glanz des Herrn umstrahlte sie. Die Hirten fürchteten sich sehr. Der Engel aber sagte zu ihnen:

Engel: Fürchtet euch nicht, denn ich verkünde euch eine große Freude, die dem ganzen Volk zuteil werden soll. Heute ist euch in der Stadt Davids der Retter geboren. Er ist der Messias, der Herr. Und das soll euch als

in einer Krippe liegt.

Erzähler: Und plötzlich war bei dem Engel ein großes himmlisches Heer, das Gott lobte und sprach:

Engel: Ehre sei Gott in der Höhe und Friede auf Erden den Menschen seiner Gnade.

Erzähler: Als die Engel die Hirten verlassen hatten und in den Himmel zurückgekehrt waren, sagten die Hirten zueinander:

Hirte 3: Kommt, wir gehen nach Betlehem, um das Ereignis zu sehen, das uns der Herr verkündet hat.

Erzähler: Als die Hirten beim Stall ankamen, fanden sie alles so, wie der Engel gesagt hatte. Sie erzählten Maria und Josef alles, was über das Kind vom Engel gesagt wurde. Und Maria bewahrte alles, was geschehen war, in ihrem Herzen. Die Hirten aber kehrten zurück und rühmten Gott und priesen ihn für das, was sie gehört und gesehen hatten.

Hirten gehen zum Stall, kommen zurück und unterhalten sich eifrig. Das israelitische Kind steht in der Nähe und hört den Hirten zu

Israelitisches Kind: Vater, Vater! Hast du gehört, was die Hirten erzählen? Der Retter ist geboren. Der Messias! Die Engel haben es verkündet. So lange haben wir gewartet. Schnell, lass uns auch zum Stall gehen! Der König soll in einem Stall sein! Das kann ich mir nicht richtig vorstellen.

Vater: Ich habe dir gesagt, dass Gott oft anders handelt als wir es uns denken. Aber das habe ich auch nicht erwartet. Nimm eine Decke mit! Auch dieses Kind braucht Schutz und Geborgenheit.

Erzähler: Und so hatten einfache, arme Menschen in dieser Nacht das Wunder gesehen. Das Wunder, als die Hoffnung auf den Retter in Erfüllung ging, aber ganz anders, als die Menschen es erwartet hatten.

Erzähler geht ab

Mutter: Und das ist die Geschichte der Heiligen Nacht. Der Messias kam, von allen erhofft, und trotzdem blieb er am Anfang seines Lebens fast unbemerkt.

Kind: Gott hält seine Versprechen. Aber doch ganz anders als erwartet.

Mutter: Und wir feiern Weihnachten nicht nur zur Erinnerung an die Geburt von Jesus. Sondern wir hoffen auch, dass er eines Tages wieder zu uns kommt.

Kind: Und wir sollen die Hoffnung nicht aufgeben. Und nun *(laut zur Gemeinde):* Frohe Weihnachten euch allen! Ein frohes, gesegnetes Fest!

Fürbitten

Gott, wir haben viele Wünsche und Hoffnungen. In dieser Heiligen Nacht, in der dein Sohn geboren ist, denken wir an die Menschen, die in Not und Armut leben, die einsam und ohne Hoffnung sind.

Wir rufen: Wir bitten dich, erhöre uns.

- Jesus, du bist das Licht der Welt.
  Viele Kinder auf der Welt sind arm und müssen für wenig Geld schwer arbeiten. Öffne allen Menschen die Augen für die Not der Kinder.
- Jesus, du bist das Licht der Welt.
  Viele Kinder und Jugendliche, auch hier bei uns, werden gemobbt und ausgeschlossen. Schenke allen ein gutes Herz, damit sie die Einsamkeit dieser Kinder erkennen und ihnen die Hand reichen.
- Jesus, du bist das Licht der Welt.
  In vielen Ländern dieser Erde herrschen Krieg und gewalttätige Auseinandersetzungen. Stärke unter den Regierenden und Verantwortlichen den Blick für die gepeinigten Menschen, für ihre Hoffnungen und Nöte und für ihre Sehnsucht nach Frieden.
- Jesus, du bist das Licht der Welt.
  Überall auf der Welt sind auch in dieser Heiligen Nacht Kinder und Erwachsene einsam. Sei du bei ihnen und gib ihnen deinen Schutz und deine Geborgenheit.
- Jesus, du bist das Licht der Welt.
  Du warst als kleines Kind kurz nach deiner Geburt auf der Flucht vor Herodes. In vielen Ländern dieser Erde sind auch heute Nacht Familien auf der Flucht vor Gewalt, Hunger und Katastrophen. Gib allen eine neue Heimat und öffne das Herz der Menschen in den Ländern, die die Flüchtlinge aufnehmen.
- Jesus, du bist das Licht der Welt.
  Alle Lebewesen auf der Erde sind abhängig von einer gesunden Um-

welt. Hilf uns, die Natur, deine ganze Schöpfung, zu achten und zu bewahren.

Herr, unser Gott. Du erhörst unsere Gebete und schenkst allen Menschen deinen Frieden durch Jesus Christus, unseren Herrn.

ANDREA NEININGER

Die Hirten von Betlehem

Krippenfeier am Heiligen Abend

Vorbereitung

Rollen: Jonathan, Mirjam, David, Erzähler/in, ein weiteres Kind/Sternträger; es werden außerdem benötigt: kleines Feuer (siehe unten), kleines Wollschaf, zunächst an einer Stelle platziert, an der es nicht gesehen werden kann; großer Stern, an einem Stab befestigt, wie ihn Sternsinger tragen.

Das Feuer kann folgendermaßen angezündet werden: In einen großen Blumenuntersetzer aus Ton wird Vogelsand geschüttet. Ein Blumentopf aus Ton wird mit der Öffnung nach unten auf den Sand gesetzt. Auf den Topf wird ein glasierter Tonuntersetzer gestellt und mit Spiritus gefüllt. Vor der 2. Szene wird der Spiritus angezündet. Das Feuer brennt ca. 10 Minuten lang. Es muss darauf geachtet werden, dass das Feuer nicht in der Zugluft steht und nicht in der Nähe brennbarer Materialien. Ein/e Erwachsene/r in der Nähe sollte die Szenerie beaufsichtigen!

Eingangsgebet

Guter Gott, wir feiern den Geburtstag deines Sohnes Jesus. Als kleines Kind liegt er in der Krippe. Er ist ein Mensch wie wir. Wir freuen uns über ihn und danken dir für alles Gute, das du uns mit ihm schenkst.

Krippenspiel

Erzählerin: Drei Hirten erzählen uns heute ihre Geschichte. Sie hüten ihre Herden in der Nähe der kleinen Stadt Betlehem.

Szene 1: Auf dem Feld

Jonathan: *(schaut sich um, schaut den Himmel an, reibt sich die Hände)* Eine kalte Nacht wird das heute. Der Himmel ist ganz klar. Wir werden ein Feuer machen müssen, damit wir nicht zu arg frieren.

Mirjam: Das ist eine gute Idee, Jonathan. Klare Nächte sind aber auch schön! Die Sterne sind dann so nahe, und heute scheint auch der Mond ganz hell.

David: *(frierend, zieht den Mantel enger um sich)* Mir gefällt das nicht. Mein Mantel wärmt mich nicht gut. Und in der Nacht gibt es so seltsame Geräusche. Ich war nachts noch nicht oft draußen. Lieber bin ich zu Hause.

Jonathan: Hab keine Angst, David. Wir passen auf dich auf. Der Schein des Feuers vertreibt die wilden Tiere. Und wenn es dir zu kalt wird, kannst du unter meinen Mantel kriechen.

Szene 2: Am Feuer

Das Feuer wird angezündet

David: *(reibt sich die Hände)* Hier ist es jetzt schön warm. Jonathan, hast du schon einmal ein Schaf verloren?

Jonathan: Ja, einmal waren wir sehr weit vom Dorf entfernt, beinahe schon in der Wüste. Ich habe am Abend gemerkt, dass mir ein Schaf fehlt. Da war ich traurig. *(steht auf – geht suchend umher)* Ich bin losgegangen und habe es gesucht. Es war weit weggelaufen. Das Schaf war in eine Felsspalte eingebrochen und konnte nicht mehr vor und nicht mehr zurück. Ich habe es wimmern hören.

Holt das kleine Wollschaf und geht zurück zum Feuer, setzt sich wieder zu den anderen

David: Das Schaf war sicher sehr froh, dass du es gefunden hast.

Jonathan: Das glaube ich auch; ich erinnere mich auch noch daran. Die anderen Hirten waren auch sehr froh, als ich endlich zurückkam mit dem Schaf auf meinen Schultern. An diesem Abend haben wir ein Fest gefeiert.

Mirjam: Erzähl uns doch noch eine Geschichte, Jonathan.

Jonathan: Wenn wir am Feuer sitzen wie heute Nacht, fallen mir immer die alten Geschichten ein, die man sich in unserem Volk Israel erzählt. Dann denke ich an Abraham, der ein Hirte war wie wir. Schaut euch einmal den Himmel an mit seinen vielen Sternen: Könnt ihr sie zählen?

David und Mirjam: *(schauen hoch)* Natürlich nicht – das kann niemand!

Jonathan: Gott hat dem Abraham versprochen, dass einmal so viele Menschen zu seinem Volk gehören würden, wie es Sterne am Himmel gibt. Bestimmt war das in einer Nacht wie heute. Aber so richtig wahr geworden ist das nicht. Unser Volk ist immer noch sehr klein. Und jetzt sind die Römer bei uns im Land und unterdrücken uns. Wenn wir so viele wären wie die Sterne am Himmel, wäre das nicht passiert.

Wenn doch endlich der Messias käme, den Gott uns vor langer Zeit versprochen hat! Der würde die Römer aus dem Land jagen. Dann könnten wir wieder ein großes Volk werden, so wie damals unter König David, vor vielen hundert Jahren.

David: Der König David – war der nicht auch ein Hirte? So wie wir?

Mirjam: Ja, und er war der Jüngste in der Familie. Seine Brüder konnten gar nicht glauben, dass ein Hirtenjunge König sein kann.

Jonathan: Dabei lernt er doch bei den Schafen, wie er ein guter König sein kann: Er muss für die Schafe sorgen, er muss sie an gute Weideplätze und an Wasserstellen bringen und sie vor wilden Tieren beschützen.

Mirjam: Genau! Als König muss er dafür sorgen, dass die Leute keine Not leiden und dass sie in Frieden leben können! Das ist doch etwas ganz Ähnliches.

Jonathan: Ja, ja! So einen König bräuchten wir wieder! Aber ob der jemals kommt? Wir warten schon so lange! Aber heute Nachmittag war ich mit meinen Tieren am Weg nach Betlehem. Da habe ich auf einem Esel eine Frau gesehen, die mit ihrem Mann unterwegs in die Stadt war. Sie war schwanger. Jedes Mal, wenn ein Kind geboren wird, hoffe ich, dass dieses Kind der Messias ist.

Während Jonathan erzählt, geht ein Kind zur Krippe und lässt dahinter langsam den Stern aufgehen

Mirjam: Ja, darauf hoffe ich auch. Der Messias soll doch in Betlehem geboren werden, in der Stadt des Königs David. Das steht in unseren heiligen Schriften. Und er soll ein Hirte sein wie wir.

David: Ein Hirte wie wir? Einer, der die Schafe beschützt und sie an gute Weideplätze und Wasserstellen führt?

Jonathan: Nein, das nicht. Aber er wird für die Menschen sorgen und sie beschützen.

Mirjam: Ist dann endlich Frieden, wenn er kommt?

Jonathan: Frieden ist dann, wenn alle Menschen füreinander sorgen und einander beschützen. Aber er wird uns dabei helfen und uns zeigen, wie das geht.

David: Vielleicht kommt er heute?

Jonathan: Ja, vielleicht kommt er heute. Wir wollen darum beten, dass er kommt und dass wir ihn erkennen, wenn er kommt.

Erzähler/in: In Bethlehem ist inzwischen etwas geschehen. Das hören wir jetzt im Evangelium.

Evangelium

Lk 2,1–8

Lied

DsL 150 »Engel auf den Feldern singen«

Bei der Strophe »Sagt mir, Hirten, wem die Freude, wem das Lied der Engel gilt« springen die Hirten auf

Szene 3: Die Hirten schauen zur Krippe

Mirjam: Klang das schön! Ob das Engel waren?

Jonathan: Ich hatte doch heute Nachmittag schon so ein Gefühl! Es muss das Kind dieser Frau sein, die ich heute gesehen habe.

David: Kommt, wir wollen nach Betlehem gehen und den Messias suchen.

Jonathan: *(zeigt hinüber zum Stern)* Ja, schaut einmal! Dort drüben ist ein großer Stern! Da muss es sein!

Jonathan läuft los, die anderen folgen ihm. Vor der Krippe bleiben sie stehen und schauen sie an; dann gehen sie an ihren Platz zurück

Verkündigung

Das Volk Israel hat seit Jahrhunderten auf den Messias gewartet, auf den Hirten für die Menschen. Und Hirten waren es, die die alten Geschichten lebendiggehalten haben. Sie haben die Hoffnung weitererzählt, dass einmal einer kommen würde, der wie ein guter Hirte für die Menschen sorgen und ihnen alle Last abnehmen würde. Dass es in der Weihnachtsgeschichte die Hirten sind, die als Erste von der Geburt des Messias erfahren, ist kein Zufall: Die Hirten sind die Menschen, die bei ihren Tieren gelernt haben, wie es ist, für andere da zu sein und für sie zu sorgen. Die Hirten wissen und spüren, wer es gut mit ihnen meint. Der Messias, den sie erwarten, wird einer von ihnen sein.

Der Messias, an den wir glauben, Jesus, ist einer von uns geworden. Hirten sind die Ersten, die in diesem Kind den erkennen, auf den sie gewartet haben. Er ist der Hirte, der uns zeigt, wie Gott ist und wie wir Menschen sein können: Hirten, die gegenseitig aufeinander achten, füreinander sorgen und miteinander leben. Das Kind in der Krippe, Jesus, ist der gute Hirte für uns alle und lädt uns ein, selbst zu guten Hirten füreinander zu werden. So wird die Nacht unserer Welt hell und strahlend.

Fürbitten

Weihnachten ist das Fest, an dem sich Wünsche erfüllen. Wir bitten Gott darum, dass sich auch die großen Wünsche der Menschen erfüllen, die Wünsche nach Frieden und Glück für alle Menschen.

Darum beten wir: Wir bitten dich, erhöre uns.

- Wir bitten darum, dass alle Menschen Freude erfahren, nicht nur heute; und wir bitten darum, dass die Kinder Freunde und Freundinnen finden und selbst gute Freunde und Freundinnen sind.
- Wir bitten für die armen Menschen; für diejenigen, die Hunger haben; und für die, die kein Dach über dem Kopf haben.
- Wir bitten für die Menschen, die alles für sich behalten und nicht teilen können.
- Wir bitten darum, dass die Menschen, die wir liebhaben, glücklich und gesund bleiben.
- Wir bitten um Frieden auf der Erde, besonders für das Land, in dem Jesus gelebt hat: für Israel und Palästina.
- Wir bitten darum, dass die Geburt des Kindes von Betlehem den traurigen Menschen Hoffnung und Zuversicht gibt.
- Wir bitten um das ewige Leben für uns selbst und für die Menschen, die schon gestorben sind.

Guter Gott, du kennst uns und weißt, was wir brauchen. Am allermeisten brauchen wir dich und die Liebe, die du uns gezeigt hast. Wir danken dir für das Kind in der Krippe, für Jesus, deinen Sohn, der heute zu uns kommt und bei uns bleibt in Ewigkeit.

ANNETTE TRABER

Der Ochse kennt seinen Besitzer und der Esel die Krippe seines Herrn
Weihnachten am Tag

Vorbemerkung
Die Leseordnung der Kirche sieht keinen Text vor, der Weihnachten am Tag das Geschehen von der Geburt Jesu erzählt. In eindrucksvoller Symbolsprache kommt die Deutung des Geschehens der Menschwerdung Gottes im Johannes-Evangelium zum Ausdruck. Damit die Kinder aber sehen können, worauf die Texte Bezug nehmen, wird dies durch die Gestaltung der Fürbitten in Form eines lebenden Bildes mit einer Krippe mit Kindern verdeutlicht.

Vorbereitung
Acht Kinder spielen stumme Rollen als Darsteller von Maria, Josef, Hirtinnen und Hirten. Sie stellen sich zum lebenden Bild vor den Altar. Die Fürbitten werden von zwei Kindern im Wechsel gelesen. Gekleidet sind die Kinder wie zu einem Krippenspiel.
Außerdem werden benötigt: eine in Windeln gewickelte Babypuppe und Stofftiere oder Krippenfiguren (Esel, Ochs, Schaf, Hund, Löwe, Eule).

Fürbitten

Einführung für die Kinder
»Das Wort ist Fleisch geworden« – so verkündet der Evangelist Johannes die Botschaft von der Menschwerdung Gottes. Die Geschichte von der Geburt Jesu im Stall von Bethlehem, von Maria und Josef und dem Besuch der Hirten hörten wir heute im Gottesdienst nicht. Wir werden aber in einem lebenden Bild das Geschehen vor uns sehen, wenn zu den Fürbitten eine Krippe aus Kindern entsteht mit Maria, Josef und sechs Kindern, die Tiere zur Krippe bringen.

Priester/Liturgin: Gott, unser Vater, heute feiern wir die Geburt deines Sohnes, unseres Bruders Jesus Christus. Du hast unser Leben mit Freud und Leid geteilt. Zu dir bringen wir unsere Bitten.

Liedruf

GL 149,2 »Heute ist uns der Heiland geboren: Christus der Herr«

Währenddessen gehen die Kinder zum Altar. Maria mit Kind und Josef gehen zum Altar und stellen sich in der Mitte davor auf

Kind 1: Gottes Sohn wurde in einer armen Familie geboren. In einem Stall kam Jesus zur Welt.

Kind 2: Jesus ist als Kind zu uns gekommen.

Gott, unser Vater, wir bitten für alle Kinder dieser Welt, die arm sind; und für alle Menschen in Not: Lass sie Hilfe finden.

Ein Kind mit einem Esel kommt und stellt sich links neben Maria und Josef auf

Kind 1: Zu Jesus kommen Menschen und Tiere. Einen Esel finden wir ganz nahe bei der Krippe. Esel gelten als eigenwillige, manchmal störrische, meistens aber geduldige Tiere. Oft müssen sie schwere Lasten tragen.

Kind 2: Gott, unser Vater, wir bitten für alle Menschen, die Lasten tragen müssen und leiden: Lass ihnen Menschen begegnen, die ihnen beistehen und Mut geben.

Ein Kind mit einem Ochsen kommt und stellt sich links neben das Kind mit dem Esel

Kind 1: Ein Ochse steht neben dem Esel an der Krippe. »Der Ochse kennt seinen Besitzer und der Esel die Krippe seines Herrn.« (Jes 1,3) So schreibt der Prophet Jesaja und meint damit, dass die beiden Tiere erkannt haben, dass Jesus der Herr der Welt ist.

Kind 2: Gott, unser Vater, wir bitten dich für die Menschen, die Jesus als deinen Sohn erkennen: Schenke allen Christen in den verschiedenen Kirchen die Einheit im Glauben und in der Liebe.

Ein Kind mit einem Schaf kommt und stellt sich rechts neben Maria und Josef

Kind 1: Hirten waren auf dem Feld bei ihren Schafen und hörten die Botschaft der Engel: »Verherrlicht ist Gott in der Höhe und auf Erden ist Friede bei den Menschen seiner Gnade« (Lk 2,14). Ein Schaf kommt zur Krippe und zeigt uns, dass es auf die Stimme seines Hirten hört. Jesus selbst hat sich als guten Hirten bezeichnet, der für seine Schafe sorgt.

Kind 2: Gott, unser Vater, wir bitten dich für alle Christen: Sende ihnen glaubwürdige Hirtinnen und Hirten. Lass sie die Zeichen der Zeit erkennen und mutig handeln.

Ein Kind mit einem Hund stellt sich rechts neben das Kind mit dem Schaf

Kind 1: Ein Hund kommt auch zur Krippe. Hunde behüten Schafe. Sie können auch Menschen beschützen und treue Freunde sein.

Kind 2: Gott, unser Vater, wir bitten dich für alle Menschen, die sich einsam und verlassen fühlen: Lass sie Freunde und Gefährten finden, die ihnen neue Freude am Leben geben.

Ein Kind mit einem Löwen stellt sich links neben das Kind mit dem Ochsen

Kind 1: Ein Löwe kommt zur Krippe. Er ist ein Sinnbild für Kraft und königliche Macht. Er ist aber auch ein Zeichen des paradiesischen Friedens, von dem der Prophet Jesaja schreibt: »Kalb und Löwe weiden zusammen. Ein kleiner Knabe kann sie hüten.« (Jes 11,6b) Durch Jesu Geburt hat das Friedensreich Gottes begonnen.

Kind 2: Gott, unser Vater, wir bitten dich für alle Menschen, die sich Frieden erhoffen in ihren Familien, in ihrem Land und auf der ganzen Welt: Lass die Bemühungen um Frieden gelingen.

Ein Kind mit einer Eule stellt sich rechts neben das Kind mit Hund

Kind 1: Zur Krippe kommt eine Eule, der Vogel der Nacht. In die Dunkelheit der Welt hat Jesus Licht gebracht. Weil Eulen im Dunkeln sehen können, gelten sie als Symbol der Weisheit.

Kind 2: Gott, unser Vater, wir bitten dich für alle Kinder und Erwachsenen, die nach dem richtigen Lebensweg suchen. Sei du ihnen Licht und zeige ihnen den Weg zu einem erfüllten und glücklichen Leben.

Priester/Liturgin: Gott, unser Vater, du bist in deinem Sohn Jesus als unser Bruder auf die Welt gekommen. Wir vertrauen auf deine Hilfe. Dich loben wir, dir danken wir in Ewigkeit.

Die Krippenspieler bleiben stehen, während zum Abschluss alle singen

Lied

GL 141,1.2.4 »Ich steh an deiner Krippe hier«

VERONIKA HECKMANN-HAGELOCH

(nach einer mit Lydia Hageloch und Christine Kuschnierz gemeinsam im Familiengottesdienstteam der Heilig-Kreuz-Gemeinde Rottweil entwickelten Idee)

Feste im Weihnachtsfestkreis

Vom Heiligen gerahmt

Fest der Heiligen Familie

Vorbereitung

Bilderrahmen (ca. 2m x 2m, aus einfachen Holzlatten), große Kerze

Vorbemerkung

Das Gestaltungselement soll verdeutlichen, dass »das Heilige« kein Ergebnis menschlichen Bemühens ist, sondern das Geschenk der Nähe Gottes. Diese ist jeder Familie in ihren verschiedenen Formen (Kleinfamilie, Großfamilie, Alleinerziehende, Geschiedene …) und mit ihrer jeweiligen Geschichte zugesagt.

Erschließung

Wir feiern heute das Fest der Heiligen Familie. Eigentlich wollte ich dazu ein Bild mitbringen, aber ich habe keines gefunden, das mir richtig gut gefallen hat. Daher habe ich eben nur einen Bilderrahmen mitgebracht.

Der Rahmen wird gezeigt

Aber heute sind ja auch einige Familien im Gottesdienst. Vielleicht könnte jetzt eine Familie hier nach vorne kommen und sich in den Rahmen stellen. Dann hätten wir ein Bild von der Heiligen Familie.

Vermutlich wird sich keine Familie in den Rahmen stellen; wenn doch, werden die Gedanken entsprechend angepasst

Die meisten von uns werden jetzt denken: O weh, eine heilige Familie sind wir ganz bestimmt nicht. Bei uns kracht es schon ab und zu, da ist nicht immer jeder freundlich und rücksichtsvoll. Im Evangelium hören wir von einer heiligen Familie, von Maria, Josef und Jesus. Auch diese Familie war nicht deshalb heilig, weil dort immer alles ganz toll war. Doch etwas war in dieser Familie besonders. Die Bibel erzählt uns, dass Maria, Josef und Jesus auf Gott vertraut haben.

Eine heilige Familie, das ist eine Familie, die Gott einen Platz in ihrem Leben lässt. Das sind Kinder und Erwachsene, die darauf vertrauen, dass Gott bei ihnen ist und sie nie fallen lässt.

Das Versprechen Gottes: »Ich bin immer für dich da!« gilt uns allen. Deshalb stellen wir jetzt als sichtbares Zeichen dafür eine helle Kerze (evtl. die Osterkerze) in den Rahmen. Und ich lade schon jetzt alle Mamas, Papas,

Kinder, Omas, Opas – alle, die zur Familie gehören und heute da sind herzlich ein: Am Ende des Gottesdienstes wollen wir jeder Familie, die das möchte, Gottes Zusage »Ich bin bei euch« in einem Segen zusprechen.

Segnung der Familien

Nach dem Schlusssegen sind alle Familien eingeladen, sich mit dem Zeichen für Gottes Nähe – der leuchtenden Kerze – in den Bilderrahmen zu stellen und sich als Familie segnen zu lassen.

Fürbitten

Guter Gott, wir bringen vor dich die Menschen, die uns bewegen und am Herzen liegen: Sei du ihnen nahe!

Alle: Sei du ihnen nahe!

- Wir bitten für die Mütter und Väter, die ihre Kinder auf dem Weg ins Leben begleiten.
- Wir bitten für die Kinder, die zu wenig Wertschätzung und Liebe erfahren.
- Wir bitten für die Familien, die von ihrem Alltag, von Krankheit oder Arbeitslosigkeit überfordert werden.
- Wir bitten für die Frauen und Männer, die Familien in Kindertageseinrichtungen, in Schulen und Beratungsstellen begleiten und unterstützen.
- Wir bitten für die Familien, die in unserer Kirchengemeinde leben.

Guter Gott, in Jesus Christus bist du uns ganz nahegekommen und hast uns deine Liebe gezeigt. Dafür danken wir dir, jetzt und in Ewigkeit.

BARBARA STRIFLER

Das Jahr, noch einmal aufgeschnürt
Silvester

. . . .

Vorbereitung

Blumen aus Papier, Steine, lange Schnur, an der in regelmäßigen Abständen 12 Zettel mit den Monatsnamen befestigt sind

Vorbemerkung

Der letzte Tag im Jahr bietet die Gelegenheit, auf das Vergangene mit seinen schönen und schweren Seiten zurückzublicken. Dieser persönliche Rückblick soll im Gottesdienst mit dem in vielen Gemeinden üblichen Jahresbericht aus dem Gemeindeleben verknüpft werden. So wird deutlich: Kirche und Alltag gehören zusammen. Der Rückblick verbindet sich mit einem hoffnungsvollen Ausblick auf das kommende Jahr.

Jahresrückblick

Heute ist der letzte Tag im Jahr. Das ist eine gute Gelegenheit, nochmals zurückzuschauen, was denn da so alles passiert ist. Wir haben am Eingang Blumen und Steine aus Papier verteilt. Und jetzt darf es gleich ein bisschen lauter werden, denn Sie sollen alleine oder als Familie – so wie Sie da sind – überlegen, was in diesem Jahr besonders schön, aber auch schwer war. Und vielleicht wissen Sie sogar noch, wann das ungefähr war.

Ca. 5 Minuten Zeit lassen

Wir haben hier vorne eine Jahresschnur. *(Das vorbereitete Seil kann evtl. von den Ministranten gehalten werden).* Wer mag, darf jetzt mit seiner Blume oder seinem Stein nach vorne kommen und sich damit in die Jahresschnur einreihen.

Kinder und Erwachsenen ordnen sich zu; Einzelne werden befragt, wofür ihr Stein bzw. ihre Blume steht. Anschließend können von Seiten des Kirchengemeinderates in entsprechender Weise schöne und schwierige Ereignisse aus dem Gemeindeleben des vergangenen Jahres berichtet werden. Diese werden ebenfalls mit den passenden Symbolen eingeordnet. Es ist wichtig, darauf zu achten, dass diese Sequenz nicht zu lange wird! Die Jahresschnur wird mit den Steinen und Blumen auf dem Boden abgelegt.

Lied

EH 239, DsL 115 »Ausgang und Eingang«

Fürbitten

Guter Gott, wir schauen zurück auf ein Jahr, in dem es viel Schönes und Gutes gab, in dem aber auch manches schwer war und ungelöst geblieben ist.

Wir rufen zu dir: Wir bitten dich, erhöre uns!

- Für diejenigen, die ihren Arbeitsplatz verloren haben und keinen neuen finden können.
- Für die Kranken, die ihre Zukunftspläne und Träume loslassen müssen.
- Für alle, die einen Menschen verloren haben.
- Für die Völker, die unter Krieg, Gewalt und Unterdrückung leiden.

Ausgang und Eingang, Anfang und Ende liegen bei dir, Herr. Darauf vertrauen wir und dafür danken wir dir durch Jesus Christus unseren Bruder und Herrn.

BARBARA STRIFLER

Wie ein offenes, leeres Gefäß

Neujahr

. . . .

Vorbereitung

Große Schale, Tücher in Grün, Violett, Weiß, Rot; kleiner Tisch, auf dem die Schale aufgestellt werden kann; Bibel, Bild mit Menschen, großer Stein, Tüte mit Samen, Blumen, Kerze mit Jahreszahl, Blätter mit den einzelnen Fürbitten

Dialog zu Beginn des Gottesdienstes

Kind: Warum sind wir heute hier?

Erwachsener: Wir feiern den Beginn eines neuen Jahres. Wie ein offenes, leeres Gefäß liegt dieses neue Jahr vor uns.

Schale wird gebracht und aufgestellt

Kind: Was wird uns in diesem neuen Jahr erwarten?

Erwachsener Ich denke, dass wir uns auf viele Dinge freuen dürfen.

Weißes Tuch und Blumen werden zur Schale gelegt

Erwachsener: Vieles muss weitergehen. Es wird weiter wachsen und Frucht bringen.

Grünes Tuch und eine Tüte mit Samen werden zur Schale gelegt

Kind: Für viele Dinge brauchen wir Mut und Kraft.

Rotes Tuch und ein Bild mit Menschen werden zur Schale gelegt

Kind: Manches müssen wir vielleicht auch anders machen und verändern.

Violettes Tuch und ein großer Stein werden zur Schale gelegt

Gebet

Erwachsener: Wir sind gespannt auf dieses neue Jahr. Was wird sein? Was wird uns erwarten? Im Buch des Weisheitslehrers Kohelet steht: »Für jedes Geschehen unter dem Himmel gibt es eine bestimmte Zeit.«

Bibel wird in die Schale gelegt

Es gibt eine Zeit für die Freude, eine Zeit für das Wachsen und Fruchtbringen.

Es gibt eine Zeit, in der wir Kraft brauchen, und eine Zeit, in der wir merken, dass sich etwas verändert.

Kind: Guter Gott, wir bringen dir dieses neue Jahr und bitten dich um deinen guten Segen.

Fürbitten

Guter Gott, du kennst uns und weißt, was wir für dieses neue Jahr brauchen. Wir bitten dich, guter Gott, »Geh mit uns auf unserem Weg!« *(Kehrvers, DsL 73)*

- ❍ Öffne die Augen der Menschen für alles, was sie in diesem neuen Jahr froh und zufrieden macht.

Fürbitte wird zu den Blumen und zum weißen Tuch gelegt

- ❍ Hilf, dass deine Frohe Botschaft in diesem neuen Jahr im Leben der Menschen Frucht bringt.

Fürbitte wird zum grünen Tuch gelegt

- ❍ Gib allen die Kraft, in diesem neuen Jahr zu spüren, wenn sie in ihrem Leben etwas verändern müssen.

Fürbitte wird zum violetten Tuch gelegt

- ❍ Schenke uns Christen den Mut, damit wir jeden Tag das Gute tun.

Fürbitte wird zum roten Tuch gelegt

- ❍ Schenke jedem Menschen das Vertrauen, dass du immer bei ihm bist.

Fürbitte und Kerze werden in die Schale gelegt

Guter Gott, du begleitest unseren Weg in diesem neuen Jahr. Dafür danken wir dir heute und an jedem neuen Tag bis in Ewigkeit.

IRMGARD WIEST

Dem Stern unseres Lebens folgen

Erscheinung des Herrn

Vorbereitung

Blaues Tuch als Himmel, mit kleinen Sternen (z. B. aus Papier) so übersät, dass sie einen großen Stern verdecken; Sterne mit folgender Aufschrift: Güte, Mitmenschlichkeit, Liebe, Freundschaft, Hilfsbereitschaft usw., die in einer bereitgestellten Schale liegen; 4 Sprechrollen

Vorüberlegungen zu Mt 2,1–12

»Greif nicht nach den Sternen«, heißt es allzu oft, wenn sich jemand ein Ziel scheinbar viel zu hoch steckt. »Lass sein! Bleib auf dem Teppich!« Es gibt viele Sprüche, die diese Haltung zeigen. Nur nicht hoch hinaus, lieber nicht auffallen. Die Kehrseite dieser Haltung heißt: »Ich werde ein Star!« oder »Wo ich bin, ist oben!« Berühmt sein, herausragen um jeden Preis, auffallen, etwas Besonderes sein. Auf keinen Fall normal, so wie die anderen.
In beiden Haltungen steckt die Sehnsucht der Menschen nach dem Irdischen, dem Normalen, und dem Außergewöhnlichen, das weit über Alltägliches hinausgeht. Die Sterndeuter der biblischen Erzählung greifen nach den Sternen, indem sie ihnen folgen. Sie verbinden auf einzigartige Weise ihre Welt und die Welt Gottes. Obwohl der König, den der Stern verkündet, nicht ihr König ist, und der Gott, der ihn ankündigt, nicht ihr Gott, machen sie dieses Ereignis, diese Sternstunde zu ihrer Sache. Sie verlieren ihr Ziel nicht aus den Augen und lassen sich führen. Aber auch sie laufen in die falsche Richtung, suchen ihr Ziel beim Selbstverständlichen. Der König muss in einem Palast wohnen. Etwas anderes ist undenkbar. Schon hier, am Anfang der Jesusgeschichte, irren die Gottessucher. Dieser Irrtum zieht sich durch die ganze Lebenserzählung Jesu hindurch, bis am Karfreitag die verkehrten Vorstellungen von Gott endgültig entlarvt werden.

Erschließung

Hinter der Krippe wird ein großes, blaues Tuch aufgespannt oder vor den Altar gelegt als Zeichen für den Himmel. Daran hängen oder darauf liegen viele Sterne. Diese kleineren Sterne verdecken den großen Stern, der für Gott steht.

Die kleineren Sterne werden von den Kindern einer nach dem anderen weggenommen.
Bei dem Teil mit den Zielen, denen es sich zu folgen lohnt, können andere, kleinere Sterne um den großen aufgehängt werden. Diese Sterne können in einer Schale vor der Krippe liegen. Kinder kommen nach vorn, schauen sich den Himmel an.

Kind 1: Wir folgen vielen Sternen. Manche sind Ideen unserer Eltern, manche die unserer Freunde. Vieles sehen wir im Fernsehen, im Internet. Und die Ziele hängen hoch.

Kind 2: *(nimmt einen Stern ab und liest)* Sei erfolgreich in der Schule.

Kind 3: *(nimmt ebenfalls einen Stern und liest)* Schau dir die anderen Kinder an. Sie kriegen alles besser hin.

Kind 4: *(nimmt ebenfalls einen Stern und liest)* Sei beliebt.

Kind 1: *(nimmt ebenfalls einen Stern und liest)* Ohne gutes Aussehen geht gar nichts!

Kind 2: *(nimmt ebenfalls einen Stern und liest)* Sei sportlich in jeder Disziplin.

Kind 3: *(nimmt ebenfalls einen Stern und liest)* Geld ist wichtig. Mach einen guten Schulabschluss und werde reich.

Kind 4: *(nimmt ebenfalls einen Stern und liest)* Berühmt sein. Bloß kein normales Leben. Immer irgendwie besonders.

Kind 1: *(denkt nach)* Ich frage mich, ob es wirklich darauf ankommt. Das kann doch nicht das Wichtigste im Leben sein.

Kind 2: Und ich frage mich, was die Weisen gesucht haben, als sie dem Stern gefolgt sind. Die haben doch bestimmt auch etwas Großes erwartet. Etwas Außergewöhnliches. Und dann haben sie Jesus gefunden. Der König, der durch einen Stern angekündigt wird, liegt in einer einfachen Futterkrippe.

Kind 3: Aber irgendwie passt es. Gott handelt immer ungewöhnlich. Ich glaube, sonst würden wir nie merken, worauf es wirklich ankommt.

Kind 4: Was meinst du denn?

Kind 3: Schau doch mal. Hier, die kleinen Sterne bei der Krippe. Darauf steht auch etwas. Ich glaube, diesen Sternen können wir folgen. Auf meinem steht: Güte!

Kind 2: Bei mir: Mitmenschlichkeit.

Kind 1: Liebe.

Kind 4: Freundschaft.

Kind 3: Hilfsbereitschaft.

Kind 1: Wenn ich so nachdenke, fallen mir viele Sachen ein. *(Zur Gemeinde gewandt)* Ich denke, euch bestimmt auch!

An dieser Stelle können auch Kinder aus der Gemeinde ihre Ideen nennen. Diese werden ebenfalls auf Sterne geschrieben und an das Tuch gehängt oder daraufgelegt

Kind 2: Mir ist jetzt klar, welchem Stern ich folgen möchte. Dem Stern, dem auch die Weisen gefolgt sind, nämlich Gott.

Kind 3: Und Jesus hilft uns dabei. Wenn wir ihm folgen, sind wir auf dem richtigen Weg.

Fürbitten

Guter Gott, die Sterndeuter folgten dem Stern. Sie haben sich auf den Weg gemacht, einen König zu suchen. Sie suchten den König und fanden deinen Sohn, Jesus Christus.

Dich bitten wir: Wir bitten dich, erhöre uns.

- Du offenbarst dich den Menschen in unerwarteten Momenten. Schenke allen die Aufmerksamkeit, dich in den überraschenden Augenblicken des Lebens zu erkennen.
- In den Medien werden uns jeden Tag neue Stars präsentiert. Öffne allen Menschen die Augen, welchem Stern im Leben es wirklich zu folgen lohnt.
- Auch in unserem reichen Land gibt es arme Familien. Gerade in der Weihnachtszeit spüren die Kinder das besonders. Schenke allen ein offenes Herz für die Not in der Nachbarschaft und lass uns erkennen: Teilen macht keinen ärmer, aber alle reicher.
- Krieg, Hunger und Zerstörung der Umwelt bedrohen viele Menschen, vor allem Kinder. Sie können in der Dunkelheit des Lebens dein Licht nur schwer spüren. Schenke ihnen Frieden und Heil.

Guter Gott, erhöre unsere Gebete und schenke allen Menschen deine Liebe durch Jesus Christus, unseren Herrn.

Gabe zum Mitnehmen

Jeder Gottesdienstteilnehmer/jede Gottesdienstteilnehmerin bekommt am Ende einen Stern mit nach Hause. Auf dem Stern steht: »Ich schenke dir eine Sternstunde«. Jeder/Jede kann diesen Stern einem lieben Menschen schenken, der bestimmen darf, wie die gemeinsame Zeit gestaltet wird.

ANDREA NEININGER

Bausteine für Feiern in der Adventszeit

Sehen und Hören

Zum Gestalten einer Hausliturgie

Hinführung

In der Adventszeit sind bei vielen Menschen die Sinne besonders sensibel für die vielfältigen Eindrücke, die zu sehen, zu hören, zu riechen, zu schmecken und zu fühlen sind. Vieles Laute und Grelle mag bewirken, dass Leises und Zartes kaum mehr wahrgenommen werden kann.

Kurze Zeiten der Besinnung sind hilfreich, die Sinne zu konzentrieren und sich ein wenig auf das zu besinnen, was wirklich wichtig ist und was für Christen der Advent bedeuten kann.

Bei der häuslichen Liturgie können zwei oder mehr Beteiligte jeweils einen Teil lesen, manches kann auch gemeinsam gesprochen und gesungen werden.

Erschließung

Sprecher 1: In der besinnlichen Zeit des Advents nehmen wir uns ein wenig Zeit, um zur Besinnung zu kommen und uns auf unsere Sinne zu konzentrieren. Wir betrachten zwei wichtige Sinne, das Sehen und das Hören.

Sprecherin 2: Gott, unser Vater, du hast uns Augen zum Sehen und Ohren zum Hören gegeben. Wir können die Welt in ihrer Schönheit betrachten, wir können aber auch die Augen verschließen und blind sein für vieles, das wir nicht sehen können oder sehen wollen. Wir können Worte hören, Musik und Geräusche vielfältigster Art. Wir können aber auch die Ohren verschließen und taub sein für vieles, das wir nicht hören können oder hören wollen.

Wechselgespräch

1 sehen
2 blind sein
1 schauen
2 wegschauen
1 blicken
2 die Augen verschießen
1 erkennen

2 zu Boden schauen

1 vorhersehen

2 nachsehen

1 einsehen

2 nicht gern sehen

1 beobachten

2 verachten

1 wahrnehmen

1 hören

2 taub sein

1 horchen

2 weghören

1 hinhören

2 die Ohren zumachen

1 aufhorchen

2 verhallen lassen

1 empfangen

2 nichts hören lassen

1 gehorchen

2 nicht auf etwas hören

1 etwas hören lassen

2 verachten

1 wahrnehmen

Lied

DsL 126 »Seht, die gute Zeit ist nah«

Das Adventsgesicht der Christen

»Bitte warten Sie hier!«, sagte ich zu dem Blinden und ließ ihn an einer verkehrsgeschützten Ecke des Großstadtbahnhofs allein. Ich wollte ihm das Gewühl ersparen auf dem Wege zum Schalter, zur Auskunft, zur Fahrplantafel und zur Post. Zurückkehrend sah ich ihn schon von Weitem stehen, während Menschen an ihm vorbeihetzten, ein Kind ihn anstarrte, ein Gepäckkarren einen Bogen um ihn fuhr und ein Zeitungsverkäufer nach einem irrtümlichen und vergeblichen Angebot fast scheu wieder von ihm wegging. Er stand ganz still, der Blinde, und auch ich musste ein paar Augenblicke stehen bleiben. Ich musste sein Gesicht ansehen. Die Schritte um ihn her und die unbekannten Stimmen und all die Geräusche eines lebhaften Verkehrs, die schienen für ihn keine Bedeutung zu haben. Er wartete. Es war ein ganz geduldiges, vertrauendes und gesammeltes Warten. Es war kein Zweifel auf dem Gesicht, dass ich etwa nicht wiederkommen könnte. Es war ein wunderbarer Schein der Vorfreude darin: Er würde bestimmt wieder bei der Hand genommen werden. Ich kam nur langsam los von dem Anblick dieses eindrucksvoll wartendes Gesichtes mit den geschlossenen Lidern; dann wusste ich auf einmal: So müsste eigentlich das Adventsgesicht der Christen aussehen!

(NACH KARL HEINRICH WAGGERL)

Hinführung und Schriftwort

Advent heißt Ankunft. Christen warten im Advent auf die Ankunft von Jesus Christus, sie bereiten sich auf Weihnachten vor. Aber Advent bedeutet auch, dass Christen die Wiederkunft Christi am Ende der Zeiten erwarten. Der Apostel Paulus schreibt im ersten Brief an die Korinther über das, was uns versprochen ist: In der künftigen Welt werden wir Gott schauen dürfen.

»Jetzt schauen wir in einen Spiegel und sehen nur rätselhafte Umrisse, dann aber schauen wir von Angesicht zu Angesicht. Jetzt erkenne ich unvollkommen, dann aber werde ich durch und durch erkennen, so wie ich auch durch und durch erkannt worden bin.« (1 Kor 13,12)

Lied

GL 106,1.4.5 »Kündet allen in der Not«

Evangelium

Beim Evangelisten Matthäus lesen wir, was Jesus über das Sehen und Hören sagt: Mt 13,14–17

Bitte und Segenswort

Sprecherin 2: Gott, wir bitten dich, begleite uns in diesen Tagen des Advents. Hilf uns zu sehen und zu hören, was wichtig ist.

Sprecher 1: Schenke uns wache Augen und offene Ohren, lass uns auf das Schöne in der Welt blicken und auf das Gute hören und erfülle unser Herz mit Freude.

Sprecherin 2: Lass uns die Augen und Ohren nicht verschließen vor den Sorgen und Nöten der Menschen. Hilf uns zu erkennen, wie wir helfen können. Sei bei uns mit deinen Segen.

Sprecher 1: Gott, öffne unsere Augen und Ohren, damit wir wahrnehmen, was du uns zeigen willst. Begleite uns auf unserem Weg. Segne uns, Gott.

Sprecherin 2: Im Namen des Vater und des Sohnes und des Heiligen Geistes.

VERONIKA HECKMANN-HAGELOCH

Schmecken

Zum Gestalten einer Hausliturgie

Vorbemerkung und Vorbereitung

Am Beginn der kleinen Feier dürfen alle vom Gebäck probieren und erraten, was es ist. Spekulatius, Lebkuchen und andere Weihnachtsplätzchen mit unterschiedlichen Gewürzen und Zutaten stehen bereit. Darunter findet sich auch nicht weihnachtliches Gebäck wie beispielsweise Butterkekse. Wer mag, kann mit geschlossenen Augen kosten und raten, welches Gebäck nach Weihnachten schmeckt und welches nicht.

Wie die Weisen aus dem Morgenland Gold, Weihrauch und Myrrhe zur Krippe mitgebracht haben, gehören von alters her Gewürze aus fernen Ländern zur Advents- und Weihnachtszeit. Diese hat man sich für das Weihnachtsfest aufgespart, weil sie etwas Besonderes waren.

Weihnachtliche Gewürze und Zutaten wie Gewürznelken, Kardamom, Zimtstangen, Sternanis, Muskatblüte, Orangeat und Zitronat, Koriander, Fenchel, Muskatnuss und andere stehen bereit und werden angeschaut, beschnuppert, probiert und erläutert; zum Beispiel, dass Gewürznelken die Blütenknospen des Gewürzstrauches aus Indonesien sind. Im Anschluss an die kleine Feier bietet es sich an, Weihnachtsgebäck zu backen. Warum sich nicht an Spekulatius versuchen und die Plätzchen in der Nachbarschaft verschenken?

Geschichte

Wieder einmal ging St. Nikolaus verkleidet durch die kleine Stadt. Er fiel nicht auf unter all den Menschen und er genoss es, unerkannt zu bleiben. Plötzlich sah er ein trauriges Mädchen. Es saß auf einem Rinnstein und weinte.

»Was fehlt dir denn, Kleines?«, fragte der Nikolaus freundlich. »Ach«, antwortete das Mädchen, »es ist Nikolaus und alle Kinder haben Süßigkeiten geschenkt bekommen. Nur ich bin leer ausgegangen.« – »Hast du denn keine Eltern?« – »Schon, aber die haben sich getrennt.«

Da bekam Nikolaus Mitleid. Aber er wäre nicht der Nikolaus, wenn er es dabei bewenden ließe. »Komm«, sagte er zu der Kleinen, »ich will sehen, wie ich dich aufmuntern kann.« Die Sonne ging schon unter, als sie an ein altes Haus gelangten. Sofort machte sich Nikolaus geschäftig ans Werk. Er rührte und knetete, kostete und mengte eine Masse aus Mandeln, Mehl, Milch und den ausgefallensten Gewürzen. Dann drückte er sie in eigentümliche Formen und buk lauter kleine Nikoläuse für das traurige Mädchen. Schließlich packte er ein Säckchen voll und schenkte es ihr. Die Kleine lief überglücklich mit dem Gebäck nach Hause und erzählte ihrer Mutter alles, was sie erlebt hatte – und an diesem Abend fühlten sich die beiden überhaupt nicht einsam.

Viele, viele Jahre später, aus dem kleinen Mädchen war längst eine Großmutter geworden, erzählte sie ihren Enkeln diese Geschichte: »Es war«, schloss sie, »als ob ich den Nikolaus selbst getroffen hätte. Ich glaube, immer wenn es recht kalt wird und sich der Himmel während der Abendstunden rot färbt, backt Nikolaus, um den Menschen, denen das Leben bitter geworden ist, ihre Tage ein wenig zu versüßen.«

Liedvorschläge

DsL 127 »Seht, die gute Zeit ist nah«;
DsL 141 »Lasst uns froh und munter sein«

Gebet

Lieber Gott,
wenn wir beieinander sind und miteinander essen, trinken und feiern,
dann schmeckt das Leben nach Weihnachten.
Wenn wir unseren Nachbarn Plätzchen schenken
und anderen eine Freude machen,
dann schmeckt das Leben nach Weihnachten.
Wenn wir basteln, vorlesen, backen, Kerzen anzünden
und andere schöne Dinge tun,
dann schmeckt das Leben nach Weihnachten.
Und wenn dann Jesus geboren wird und wir richtig Weihnachten feiern,
dann schmeckt das Leben nach Freude, Liebe und Versöhnung.
Das wollen wir feiern und dir dafür danken.

Spekulatius-Rezept

Zutaten: 3 Pfund (= 1,5 kg) Mehl, 200 g geriebene Mandeln, 1 Pfund (= 500 g) Rohrzucker, 20 g Spekulatiusgewürz (aus Kardamom, Zimt und Muskatblüte), Zitronenschale, 1 Messerspitze Salz, ¼ Liter Milch, 750 g Butter, 10 g Natron

Zucker, Gewürze und Salz in Milch auflösen und in die zerlassene Butter einrühren. Natron und Mehl mischen, alles in die zerlassene Butter geben und gut durchwirken. Der Teig muss zwei bis drei Tage ruhen. Dann in eine mit Mehl bestäubte Spekulatiusform drücken, ausklopfen und ca. 12–15 Minuten bei 200 Grad goldbraun backen. Guten Appetit! (*Rezept der Grob- und Feinbäckerei J. Wellmann, Pfalzdorf/Niederrhein, 1896*)

SUSANNE HERZOG

Viele gute Wünsche

Impuls am Anfang oder Ende einer Gremien- bzw. Teamsitzung im Advent

Vorbereitung

Für die Gestaltung der Mitte: grüne Tücher, Tannengrün, farbige Bänder (weiß, orange, violett, rot, grün, gelb, blau), für jeden Anwesenden ein Bündel bunter Bänder, entsprechend beschriftet mit den Begriffen: Freundlichkeit (weiß), Hilfsbereitschaft und Liebe (rot), Heiterkeit und Lebensfreude (grün), Stärke und Kraft (blau), Gesundheit (gelb), gute Ideen (violett) und schöne Träum (orange)

Impuls

Wir kennen alle die Wunschzettel zu Weihnachten. Als Kind haben wir sie selbst geschrieben oder gemalt. Heute kommen sie vielleicht von unseren Kindern, von dem Partner oder der Frau, oder sie begegnen uns an Wunschbäumen in den Kaufhäusern, wo wir die Wünsche der Kinder erfüllen können, an die sonst keiner denkt.

Jetzt wollen wir das ganze einmal umdrehen. Nicht wir wünschen uns, sondern wir wünschen dem anderen etwas. Denken Sie an eine Person und wünschen Sie ihr etwas mit dem Lied:

Lied

EH 273 »Meine Hoffnung und meine Freude«

Meditation/Fantasiereise

Wünsche sind stark in uns. Wünsche sind Sehnsucht. Und alles beginnt mit der Sehnsucht.

Lassen Sie sich mitnehmen in einen Traum, in eine Fantasiereise.

Setze dich bequem auf deinen Stuhl. Beide Beine stehen dem Boden, du spürst die Fußsohlen auf dem Boden wie Oberschenkel und Gesäß aufliegen. Schließe deine Augen und lasse diene Beine und Arme ganz locker und entspannt. Atme ruhig ein, aus und ein …

Stelle dir vor, du liegst im Schatten eines riesigen Baumes.
Über dir hörst du die Blätter rauschen.
Auf deiner Haut spürst du einen leichten warmen Windhauch.
Er streicht dir über die Beine, über die Arme und den Bauch.
Ganz zart spürst du die warme Luft auf deinem Gesicht und in deinem Haar.
Du fühlst dich wohl hier unter den Ästen des großen, starken Baumes.
Und während du hier liegst und dich von der warmen Luft streicheln lässt, hörst du eine zarte, freundliche Stimme über dir. »Hallo! Schön, dass du da bist!«
Du schaust in den Baum über dir und entdeckst eine winzige Fee. Sie trägt ein Kleid, das so zart und so weiß ist wie eine Schneeflocke. Je länger du in das Blattwerk des Baumes schaust, desto mehr Farben erkennst du. Rot und Orange, Gelb und Grün, Blau und Violett. Es sind die Kleider von sechs kleinen Feen. Jede Fee trägt ein glänzendes Band bei sich. Die erste Fee im weißen Kleid schwebt zu dir herunter und sagt: »Jede von uns hat für dich ein Geschenk. Ich schenke dir Freundlichkeit.« Und sie gibt dir ihr weiß glänzendes Band. Da kommt auch schon die zweite Fee im rot schimmernden Kleid, überreicht dir ihr rotes Band und sagt: »Ich schenke dir Hilfsbereitschaft und Liebe.«
Die dritte Fee schwebt mit einem grünen Band zu dir: »Nimm dieses Band, es schenkt dir Heiterkeit und Lebensfreude!«
Und schon steht da aufrecht und stark die vierte Fee im blauen Kleid. »Hier ist mein Geschenk: Stärke und Kraft, damit du alles, was du gern tun möchtest, schaffst.« Und während sie dich freundlich anschaut, kommt die fünfte Fee im sonnengelben Kleid: »Ich schenke dir Gesundheit«, flüstert sie, und du spürst, wie sie ihr goldgelbes Band zart auf deinen Bauch legt.
Die sechste Fee im violetten Kleid springt genau in deine Hand: »Hier, mein Band voll guter Ideen«, hörst du sie sagen.

Du schaust in den Baum und entdeckst noch eine kleine Fee. Ihr orangefarbenes Kleid schimmert hell und warm. Langsam und sanft fliegt sie an ihrem Band hinunter. »Ich schenke dir schöne Träume«, sagt die siebte Fee, und du spürst, wie das orange Band dich ein wenig kitzelt. Du lachst und freust dich über das angenehme Gefühl.
Nun stehen die sieben Feen bei dir und schauen dich freundlich an. Du lächelst zurück und spürst, wie ihre Wünsche dich froh und glücklich machen. Das Bündel bunter Bänder mit Freundlichkeit, Hilfsbereitschaft und Liebe, Heiterkeit und Lebensfreude, Stärke und Kraft, Gesundheit, guten Ideen und schönen Träumen hältst du fest in deiner Hand.
Wie im Traum siehst du alles noch einmal …
Kurze Pause
Langsam erwachst du aus deinen Träumen. Du atmest ruhig aus und ein, aus und ein. Du fühlst dich ausgeruht, ruhig und zufrieden. Die Geschenke trägst du tief in dir, und sie begleiten dich, wohin du auch gehst.

Ich schenke Ihnen dieses Bündel bunter, beschrifteter Bänder. Es ist kein »ich-muss-es-behalten-Geschenk«, Sie dürfen es weiter verschenken, vielleicht an die Person, an die Sie am Anfang gedacht haben. Oder an viele andere, die Ihnen jetzt einfallen.

Gebet

Guter Gott,
wenn wir lieben, dann wollen wir geben; alles, was wir selbst bekommen haben, und dem liebsten Menschen geben wir uns selbst. So möchte ich in diesem Advent von meinem Glück, von meiner Zeit, von meinem Vertrauen schenken. Hilf mir, dass ich es am Adventssamstag in der Einkaufpassage nicht schon vergessen habe.

Lied

GL 107,1.4 »Mach hoch die Tür«

BEATE GREUL

Christus kommt in die Stadt

Adventrede über das Lied »Wachet auf, ruft uns die Stimme«

. . . .

Vorbemerkung

Von Mitarbeitern der Gemeinden wird in der Adventszeit oft ein geistliches Wort erwartet, in den vorweihnachtlichen Sitzungen, bei Gruppentreffen oder auch von nichtkirchlichen Institutionen, die nach einem besinnlichen Impuls fragen. Für solche Zusammenhänge ist die vorliegende Adventrede gedacht. Als biblische Lesung schlage ich eine Auswahl von Versen aus der Offenbarung des Johannes vor (Offb 21,2–5.10–14.18.21f; 22,1–5), als Psalmgebet Ps 122 (GL 692). Und natürlich soll das besprochene Lied »Wachet auf, ruft uns die Stimme« (GL 110) auch gemeinsam gesungen werden.

Wohin geht Ihre Sehnsucht?

An welchen Ort geht Ihre Sehnsucht, wenn Sie träumen? In die Stadt, wo etwas los ist? Oder aufs Land, wo es still zugeht? Vermutlich hängen die Bilder mit unserer jetzigen Lebenssituation, mit unserer Herkunft und vielleicht auch mit unserem Lebensalter zusammen. Die Städter zieht es aufs Land, wo sie Natur erleben, den natürlichen Tages- und Nachtrhythmus, die gute Luft, die gesunde Lebensweise. Die Leute vom Land zieht es in die Stadt, wo sie die Leistungen menschlicher Kultur genießen – wie das Einkaufen in überreichem Angebot, die Besichtigung von Museen mit den von Menschen geschaffenen Kunstwerken, den Besuch von Theater und Konzert, die Betrachtung altehrwürdiger oder modernster Architektur.

Ursprung

Das Bild des Ursprungs ist ländlich. Das Paradies ist der blühende Garten, die friedliche Schöpfung, die wunderbare Natur. Das Land ist der von Gott geschenkte Lebensraum. Christus kommt auf dem Land zur Welt. Das Heil, das er bringt, beginnt im ländlichen Raum.

Vor den Toren der Stadt Bethlehem erblickt er das Licht der Welt. Vieh steht nach volkstümlicher Vorstellung um die Futterkrippe herum, in die er mangels einer Wiege gelegt wird. Die Hirten vom Feld, von der Hitze des Tages und der Kälte der Nächte geprägte Landleute, heißen ihn willkommen. Im Garten fängt das Leben des Menschengeschöpfes an. Auf dem Land beginnt das Heil, das uns in der Geburt von Bethlehem zugesagt ist.

Vollendung

Das Bild der Vollendung ist städtisch. Der neue Himmel ist wie die himmlische Stadt Jerusalem, befestigt, umfriedet, sicher, kostbar! Die Stadt ist der von Menschen gebaute Lebensraum. Der Prophet Jesaja preist in seinem Lied die befestigte Stadt, die dem Herrn treu ist: »Wir haben eine befestigte Stadt« (Jes 26,1). Er weiß auch um die Gefährdungen der Stadt; in ihr haust auch das Laster, eher als auf dem Land. Der neutestamentlichen Überlieferung nach werden in der Vollendung die Güte der Stadt und die Schätze des Landes eins sein – die Stadt, auf die wir zugehen, ist umgeben mit einer Stadtmauer, deren »Grundsteine mit edlen Steinen aller Art geschmückt« sind, ihre »zwölf Tore sind zwölf Perlen« und die »Straße ist aus reinem Gold, wie aus reinem Glas«. Durch die Stadt fließt »ein Strom, das Wasser des Lebens, zwischen der Straße der Stadt und dem Strom, hüben und drüben, stehen Bäume des Lebens. Zwölfmal tragen sie Früchte« (Offb 21,19.21; 22,12). Darum singen wir: »Von zwölf Perlen sind die Tore an deiner Stadt, wir stehn im Chore der Engel hoch um deinen Thron.«

Stadt

Das Lied, das Philipp Nicolai (1556–1608) uns geschenkt hat, ist uns als Adventslied vertraut. Es ist in allen drei Strophen ganz und gar städtisch geprägt.

In der ersten Strophe erklingt der Weckruf des Wächters auf der Zinne der Stadt. Er kündigt die Ankunft der Bräutigams an und fordert dazu auf, ihm mit brennenden Lampen entgegenzugehen.

Die zweite Strophe führt uns in den Festsaal, in dem das große Festbankett stattfinden wird. Wir folgen dem Bräutigam in den »Freudensaal«, um dort seine Gäste zu sein und mit ihm zu feiern.

In der dritten Strophe werden wir in die wunderbare Stadt der Vollendung mitgenommen, deren Tore wie zwölf Perlen sind; durch sie treten wir ein in den Thronsaal Gottes, in dem uns die Engel bereits erwarten.

Advent

Der wiederkommende Christus, den wir im Advent erwarten, der kommt in die Stadt. Wir erwarten ihn so, wie Paulus ihn verkündigt hat: »Was kein Auge gesehen und kein Ohr gehört hat, was keinem Menschen in den Sinn gekommen ist: Das Große, das Gott denen bereitet hat, die ihn lieben« (1 Kor 2,9). Und wir empfangen ihn mit Harfen und Zimbeln, jedenfalls mit schöner Musik, wie das Finale des Psalters uns auffordert: »Lobt ihn mit Harfe und Zither« (Ps 150,3).

ANTON SEEBERGER

Anhang

Bibelstellenregister

Textnachweise

Seite 54f.: Der Traum des Baumes. Frei nach: Angela Elwel Hunt: Der Traum der drei Bäume. Nach einer alten Erzählung. Brunnen Verlag, Giessen, 7. Auflage 2009

Seite 91f: Jasna Mittler, Der heilige Erwin. Eine Weihnachtsgeschichte in 24 Kapiteln © 2006 List Verlag in der Ullstein Buchverlage GmbH, Berlin

Seite 145: © Heinz Schäfer: Das Adventsgesicht der Christen. Aus: Willi Hoffsümmer, Kurzgeschichten 2, Mainz 1983, S.12f

Seite 148f: Geschichte von St. Nikolaus. Aus: Claudia und Ulrich Peters (Hg.), Es ist für uns eine Zeit angekommen. Schwabenverlag, Ostfildern 2005

Seite 152f: Renate Ferrari: Spür die Stille im Advent. © bei der Autorin

Herausgeberin, Autorinnen und Autoren

Anton Seeberger, Pfarrer, Stuttgart; Mit-Herausgeber und im Beirat der Predigtzeitschrift »Dienst am Wort« (Herausgeber)

Marion Bexten, Gemeindereassistentin, Tholey
Christiane Bundschuh-Schramm Dr. theol., Pastoralreferentin, Referentin für Spiritualität am Institut für Fort- und Weiterbildung der Diözese Rottenburg-Stuttgart
Stefan Fischer, Jugendpfarrer, Cleebronn-Michaelsberg
Carmen Gremmelspacher, Religionslehrerin, Kindergartenbeauftragte Pastoral, Mutter von vier Kindern, Stuttgart
Beate Greul M.A., Gemeindereferentin, Eschborn
Veronika Heckmann-Hageloch, Oberstudienrätin, Rottweil
Susanne Hepp-Kottmann, Pastoralreferentin, Religionslehrerin, Wendlingen
Susanne Herzog, Diplomtheologin und -pädagogin, Pastoralreferentin, Geistliche Begleiterin, Esslingen
Gerhard Jammer, Pastoralreferent, Albershausen
Martina Kleisz, Gemeindereferentin, Seelsorgerin im Haus der Katholischen Kirche, Stuttgart
Alexander Krause, Pastoralreferent, Seitingen-Oberflacht
Ulrike Mayer-Klaus, Referentin für Liturgie mit Kindern und Familien am Institut für Fort- und Weiterbildung der Diözese Rottenburg-Stuttgart
Andrea Neininger, Gemeindereferentin, Religionslehrerin, Stuttgart
Cornelia Reisch, Gemeindereferentin, Freiburg
Anke Schmitzer, Theologin, Religionslehrerin am Institut für Soziale Berufe, Stuttgart
Barbara Strifler, Pastoralreferentin, Dekanatsreferentin im Stadtdekanat Stuttgart
Annette Traber, Theologin, Waldkirch
Irmgard Wiest, Gemeindereferentin, Seelsorge für Familien mit behinderten Kindern, Dekanat Ostalb